어떤 장면

1

옥천신문으로
말하는
'지역언론'

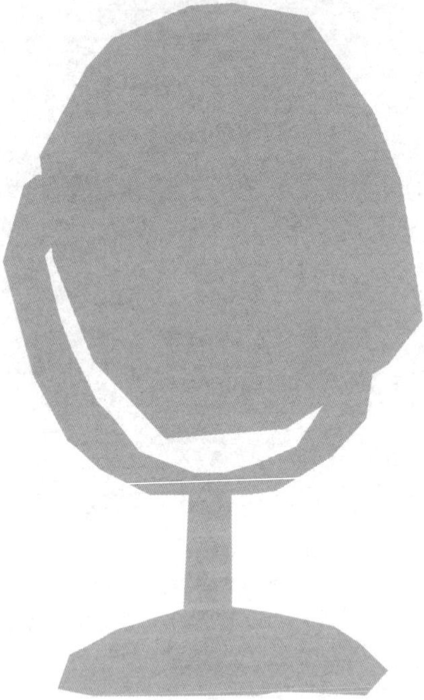

어떤 장면

황민호

권오성

이현경

1

옥천신문으로
말하는
'지역언론'

옥천신문

차례

3장 풀뿌리 자치의 가치

들어가며

올해가 벌써 35주년입니다. 옥천 땅에 222명의 주민들이 5천만원의 자본금으로 풀뿌리 언론 옥천신문을 세운 게 말이죠. 옥천신문은 어려운 환경 속에서도 저널리즘을 포기하지 않고 끝없는 시행착오 속에도 주민들 속에 뿌리내렸습니다. 구독료가 신문사 재정의 50%가 넘는 그 힘으로 권력과 자본에 굴하지 않고 끊임없이 담금질을 하며 꿋꿋하게 할말을 하는 신문으로 지역 농촌에 자리잡았습니다. 기자들은 현장에서 일하면서 주민들에게 풀뿌리 민주주의와 지역, 농촌, 그리고 저널리즘이 어떠해야 되는지 배웠습니다. 논밭에서, 생업을 하는 일터에서, 마을에서 수도 없이 발품을 팔고 주민을 만나 귀 기울이며 적었던 모든 것들이 옥천신문의 커다란 자양분이 되었습니다. 풀뿌리 민주주의는 4년마다 오는 선거, 광장에서 촛불로만 창침되는 판타지가 아니라 숨쉬는 공기와 같아야 하고 목마르면 마시는 물과 같아야 하며, 삼시세끼 먹는 밥과 같아야 한다고 생각합니다. 옥천신문은 주민들의 공기와 물과 밥이 되기 위해 무던히 노력했습니다. 지방자치가 시작되기도 전에 없었던 공론장을 만들었고, 지방자치가 시작된 이후에는 군수, 의원들의 말을 한번도 놓친 적이 없습니다. 작은 간담회부터 계수조정까지 기자들이 들어가 주민들의 눈과 귀가 되기 위해 노력했습니다. 말없는 사람들의 말이 되고, 글 모르는 사람들의 글이 되기 위해 더 파고들었습니다. 우리가 뽑은 선출직들이, 공무원들이 일을 제대로 하는지, 지역 유지들이 관변단체를 만들어 엄한 짓을 하지는 않은지 호시탐탐 권력과 자본을 감시했으며 매의 눈으로 비판과 견제를 했습니다. 권력과 자본을 비판하면서 보복성 광고 게재 중단, 집단 구독 해지 등 여러 파고들을 지금도 겪고 있는 게 현실입니다. 옥천신문사는 35년 동안 올곧이 다른 수익사업을 하려는 한눈을 팔지 않고 오로지 신문만으로 척박한 땅에서 뿌리내리기 위해 애썼습니다. 그 결과, 주민들이 훔쳐보고 싶은 신문, 매주 금요일마다 기다려지는 신문으로 자리잡았습니다. 20년 넘게 100% 온라인 유료구독을 실천하고 있으며 투명한 경영으로 그 신뢰도를 높이고 있습니다. 하지만, 여전히 지역농촌은 시간이 흘러가면 갈수록 발전하는 게 아니라 더 열악해지고 있습니다. 지역소멸 담론의 파고는 높아지고, 인구 감소의 수치는 현장에서 체감할 정도입니다. 학교와 마을이 사라지는 것이 실시간으로 다가오고 있습니다. 창간한 지 35년이 지났지만, 옥천신문은 여전히 어렵게 신문의 명맥을 이어가고 있습니다. 한번도 위기이지 않았던 적이 없었고 어려움은 늘 일상이었습니다. 이 책은

35년 동안 옥천신문 기자들이 축적하고 주민들에게 배워 온 현장의 지혜를 같이 나눈다는 의미에서 만든 책입니다. 또한 옥천신문이 앞으로 나아가기 위한 힘을 얻기 위해 재정마련 차원에서 만든 책이기도 합니다. 변화는 변방에서 시작된다고 생각합니다. 아무도 돌아보지 않는 변방 지역농촌에서 어렵게 고군분투하고 있는 풀뿌리 언론 종사자들을 응원하며 감히 이 책을 여러분에게 권합니다.

<옥천신문> 황민호 대표 드림

1장

풀뿌리 신문의 가치

01

풀뿌리 신문이란 무엇인가?

보통 풀뿌리 신문이라고 통칭하는 것은 '지역주간신문'이 보편적이다. 재정과 인력 상황 때문에 지면으로 못 내보내고 인터넷으로 운영하는 신문사도 있고 격주간, 혹은 한 달에 한, 두 번 지면 신문이 나오는 곳이 있다. 하지만, 시군단위 풀뿌리 언론과 광역거점 단위 지방일간지는 지역을 대하는 방식이 정서적, 체계적으로 다르다.

지방일간지는 보통 광역거점에 본사를 두고, 시군 기초단위 지역에 주재 기자를 두는 방식으로 지역을 커버한다. 서울과 지방의 위계가 존재하는 것처럼, 지방 안에서도 광역거점과 기초단위지역의 위계는 그만큼 존재한다. 거점이 중심이고 그 외 지역은 변방인 셈이다. 지방일간지가 광역거점 도시 소식을 중심에 두고 그 외 지역의 기사들을 주재 기자들이 시군에서 매일 발행하는 보도자료 중심으로 챙긴다면, 지역주간지는 사는 지역이 중심이기 때문에 보도자료보다는 생활 속 발굴 기사를 더 챙기게 된다. 물론 지역주간지도 면보다는 읍 중심으로 돌아가는 것을 볼 때 지방일간지와 규모 말고 뭐가 다르냐고 물을 수 있다. 하지만, 시군 단위 기초지역에 사는 사람들은 안다. 자동차로 30분 이내의 지역은 그야말로 초밀접 생활권이다. 맘만 먹으면 언제든 훌쩍 갈 수 있는 그런 곳이기 때문에 차원이 다르다. 규모가 커지면 커질수록 이동시간과 비용이 많이 들고 밀착성은 떨어질 수 밖에 없다. 거리 뿐만 아니라 오랫동안 형성된 유구한 전통과 지속된 관계를 아무리 날고 기는 뉴미디어라도, 그리고 서울에서 온, 광역거점 도시에서 온 이름있는 레거시 미디어라도 넘지 못하는 선이 분명 있는 것이다. 일간지 등 기존 레거시 미디어들이 체계를 우려먹고 산다면 풀뿌리 미디어는 관계 안에서 뿌리내리고 성장한다. 건강한 풀뿌리 언론은 주민들의 필요 속에 생존하기 때문에 필요를 잃어버리는 순간 그냥 그저 그런 사이비 언론으로 전락하는 것은 시간문제다. 이처럼 지역주간지 중에도 사이비 신문이 즐비한 지역도 많다. 언론사 간판 걸어놓고 정치 놀음 하려고 하는 신문도 참 많다. 우후죽순 사이비 신문이 창궐하는 지역보다 차라리 없는 게 나을 수도 있다. 말과 글을 왜곡하는 것은 민심을 어지럽히는 것과 다름이 없기 때문이다. 지역은 과잉과 결핍으로 고통받는다. 어떤 곳은 사이비 신문의 범람으로, 어떤 곳은 지역신문이 하나도 없어 언론의 사막화로 권력이 전횡을 휘두르면서 힘들다.

지역신문은 취재기자 하나하나가 일당백이고 힘이다.

창간소식지 제1호
1989년 4월 15일<토요일>

창간소식

발 행 처
옥천지역신문창간준비위원회
우편번호 373－800
충북옥천군옥천읍삼양리160－5
전화번호 : 33－1812

옥천군의 미래를 연다

우리고장 최초의 주민신문 발간

곧 창간

…근들어 우리 사회는 올…은 자리를 찾기 위한 갖가…모습들이 목격되고 있습…

…년 전만 해도 상상할…없었던 권위주의적 사회…문화로부터의 탈피를 위…노력들, 민족의 자존과…을 위한 연구와 실천들,…자, 농민, 영세민들의…권 투쟁을 비롯한 제반…를 찾기 위해 건전하고…바람직한 현상과 운동들…왔습니다.

모든 것은 「민주화」로…될 수 있으며 진정한 민…를 실현하려는 목소리…은 나라 구석구석에서 다…게 메아리 치고 있습니…

…와 더불어 민주주의 실…그 기틀을 다지는 지방…제의 실시를 눈앞에 두…있는 것입니다.

…방자치제 실시에 따라…민의 목소리를 대변하…민주적이고 자주적인 지…제 해결과 능력 배양등 보다 능동적이며 특색있는 지역발전을 담당하게 될 지역신문의 필요성에 대하여 정리하고자 합니다.

지역의 뉴스와 의견을 수집하여 전달하는 지역언론의 목적은 군민들에게 정확한 정보를 알려 당면한 쟁점에 관한 판단을 공정하게 처리하고, 의사가 대립되는 문제를 냉정하게 토론, 비판하여 주민의 복지에 기여하는 것이다.

또한 사실과 진실에 관해서 정확한 기준을 적용해야 하며, 지역언론은 적극성과 진실성 그리고 솔직함을 가지고 지역주민의 아픔을 냉철하게 파헤쳐 기획 보도를 다루어 나가야 한다. <편집자주>

관성인의 맥박이 고동치는 옥천읍 전경

뿌리없는 나무가 없고, 근원없는 물이 없듯 조상의 피와 땀이 서리고 역사의 숨결이 담겨진 내고장 옥천. 구비치는 금강의 물줄기처럼 한 줄기의 빛을 따라 잃지 않는 생명력으로 관성인의 영원한 보루 관성봉. 이제 주민 모두 하나되어 떠오르는 태양과 함께 힘차게 용솟음칠 것이다.

지방자치제 실시와 지역신문의 연관성

중앙정부의 획일화되고 형식적인 정책으로는 각 지역, 지방의 문제를 해결할 수 없으며, 막연히 민주화가 되었다고 해서 근본적인 문제가 치유되리라고는 볼 수 없습니다.

지방자치제는(이하 「지자제」) 『현대 주권국가에서 일정한 지역의 주민이 자치적인 단체를 조직하고, 일정지역에 관한 제반사항(정치, 경제, 문화, 환경, 행정, 교육등)에 대해 중앙권력의 통제로부터 상대적으로 독립하여 자치권을 갖고 그 지역주민의 의사에 따라 독자적으로 공공사무를 수행하는 정치 행위』라고 말할 수 있습니다. 즉 지역주민들의 문제와 지역의 특수하고도 절실한 문제들을 민주적으로 처리, 해결하여 주민들의 민주역량을 증대시키고 민주주의에 대한 신뢰도를 높이는 한 방편이 바로 지자제인 것입니다.

역사적으로 볼 때 지자제는 독재정권의 이익을 위한 정책으로 이용 당해 왔습니다.

즉 지역주민의 공익을 위한 사업을 추진하기 보다는 중앙권력의 정책 수행의 시녀로 전락했는데, 지금의 시점에서도 그 가능성은 배제할 수 없습니다. 그러나 지역주민은 지자제를 진정한 주민자치제도로 만들어 나가야 하며, 또한 그 능력을 가지고 있습니다.

그러기 위해선 우선 주민의 의식과 단결된 힘이 있어야 합니다.

그러므로 지역신문은 진정한 지자제 실현을 위한 역할에 「파수꾼」「감시자」「선봉대」의 역할을 기꺼이 맡아서 수행해야 할 필요성이 절박하다고 생각되는 것입니다.

민주화의 충실한 벗

또한 지역신문은 군민이 필요로 하고 있습니다. 대부분의 일간지나 여타의 매체들은 중앙권력의 목소리와 그들의 이해만을 대변하고 있을 뿐입니다. 그 곳에 실린 「옥천소식」을 보면 판흥보나 선정적이고 도식적인 사건 나열의 흥미위주의 기사들 뿐입니다.

이에 옥천지역 주민과 지역소식에 대한 진실하고 올바른 정보전달 매체로써 지역신문은 일방적 정보전달이나 진실의 왜곡, 편파보도 등으로 주민들을 우민화하려는 기성언론들의 편향된 시각의 독점체제를 타파하고, 지역주민의 독자적인 판단을 통한 참여의식을 계발하는 참된 길잡이인 동시에 정보 민주화의 「충실한 벗」으로 옥천지역 주민이 갈망하는 것입니다.

주민화합－지역자존－균형발전

주민과 함께 호흡해야

지역신문은 「지역주민을 위한 신문」이라는 점에 기준, 탐엄하고도 따뜻한 사명과 책임을 다하기 위하여 일체의 영리를 배제하고 충분한 지면을 통하여 지역민 스스로 참여, 자주적 의식을 계발하고 합리적이고 논리적인 사고력을 배양하는 토론의 장으로서 필요합니다.

사실 신문의 역할은 공정보도나 사실보도에 한정될 수도 한정할 수도 없는 것입니다. 따라서 지역신문의 존재가치는 외부로부터의 압력을 최대한 배제하고 지역주민 각계 각층의 실정을 올바로 파악하여 그에 맞는 보도와 특집기사 논설등을 통하여 올바른 자주의식을 함양하는데 힘을 쏟고 또한 일방적 선도의 폐단을 막기위해 지역민의 의사개진을 위한 충분한 지면을 할애 토론의 장으로서 지역신문이 역할 담당을 해야할 것입니다.

주민의 평가와 비판이 따라야

지역신문은 우리 지역사회의 각종 문제해결을 위해서도 필요합니다.

정치, 경제, 사회, 문화, 교육공해, 교통등 산업발전이나 사회의 구조적 결함에서 파생된 제반문제를 기피, 외면하는 자세는 스스로 지역사회의 발전도, 민주화에 대한 확고한 신념도, 주민의 식마저도 저버리는 것입니다.

지역신문은 지역문제의 깊이 있는 취재와 보도의 심층분석과 그 심각성을 과학적으로 추적, 그 병리현상을 지역사회의 구조적 맥락에서 파헤쳐 행정집행기관을 질타, 각성을 촉구하고 지역주민의 현실개혁 의지를 바탕으로 자주적 해결을 모색하도록 해야 합니다.

이 역할을 지역신문만이 할 수 있다고 생각하면 그것은 자만심이겠지만 지금은 저항매체로서 지역신문이 그 역할을 기꺼이 수행해야 합니다. 이러한 지역 여론의 자유로움이 표면에 나타나는 사회는 얼핏 보기에 어수선하고 시끄러워 보여도 그로 인해 성숙된 민주역량으로 건전한 발전을 이루고, 신뢰와 희망이 넘치는 사회가 될 것입니다.

만평　　이 훈웅

「정담을 건네주는 작은 나룻배가 되겠습니다」

오늘은 강 건너 김영감님
회갑 잔칫날
봄바람에 넘실대는
물결 타고서
정겹게 들려오는 농악 소리는
우리 조상들의 숨결 입니다.

나루터에 모인 동네 사람들
사공이 건네 주는
뱃길 따라서
정담을 가득 싣고 건너 갑니다.

오늘은 기쁜날
강건너 김영감님
회갑 잔칫날.

옥천지역신문창간준비위원회

보통 옥천, 보은, 영동군 세 지역을 연합뉴스 기자 하나가 커버한다. 그런데 옥천 한 지역을 옥천신문 기자 7명이 커버한다. 저인망으로 쫙 기사를 아래로부터 훑기 때문에 기사의 깊이가 다를 수 밖에 없다. 그래서 굳이 '특종'과 '단독'이란 말을 쓰지 않는다. 다 특종이고 단독이기 때문이다. 제보와 민원이 이미 몰리고 있고 밑바닥 기사를 훑고 지내기 때문에 기성 언론이 외면하는 특종은 사실 풀뿌리 신문에 즐비하다. 눈 밝은 지방일간지나 방송사 기자, 또는 작가들은 그래서 지역신문을 구독한다. 특종의 보고이기 때문이다. 대충 매주 훑어도 그냥 그대로 써도, 아니면 조금만 발전시켜서 써도 좋은 기사가 나올 것이 분명한데 이들은 지역에 오지 않는다. 주재 기자들은 보도자료 챙기고 광고 관리하는데 여념이 없고 거점에 있는 기자들은 거기서 나오는 소식 챙기기도 버거우니 사실 지역은 기존 레거시 미디어의 저널리즘 방임지역이다. 그 틈새를 지금 수십년 동안 주민 속에서 뿌리내린 풀뿌리언론이 커버하고 있는 것이다.

광역에는 일간신문이 있는데 주로 도청이나 광역시청이 있는 거점도시 소식을 주로 다루고 각 시군에 주재 기자를 파견하여 그냥 기사들을 추수한다. 구색을 맞추고 일간형식으로 발행하는데 다른 시도는 모르겠지만, 충청도에서는 거의 구독을 하지 않는다. 관공서 아니면 돈을 주고 사보지 않는다는 것이다. 이는 네이버 뉴스 검색을 해봐서도 알겠지만, 네이버나 구글, 다음에 '옥천'을 치고 뉴스 검색을 해보면 똑같은 뉴스들이 줄 나래비로 10여개씩 매체 이름과 기자 이름을 달리 한 채 묶음으로 나온다. 100% 관공서 보도자료라고 보면 된다. 군 홍보팀 보도자료 담당이 각 부서의 일을 취합해 매일 3-4개씩 보도자료를 생산하면 제목과 리드, 문장만 약간 다듬어 본인 이름으로 출고한다. 얼마나 편한 직업이냐. 지금도 당장 확인할 수 있다. 군청에서 보내는 보도자료와 거의 흡사하다고 보면 된다. 지역 주간신문은 주재 기자실에 안 들어간다. 거기에도 급이 있다고 생각하는 건지 주재 기자실의 기자

대장이 들어오는 것을 심사한다. 옥천신문은 안 들어가고 기자실의 폐해를 여러 차례 지면으로 지적한 바 있다.

기초 시군단위 지역신문은 일간은 무리이고 주간이 딱 적당하다. 격주간은 너무 멀고 월간은 잡지의 영역에 들어선다. 적어도 주간은 나와야 한다. 기자 2명이면 대판 12p가 적당하고 취재기가 3명이면 16p가 적당하다. 물론 더 많은 기자들이 밀도 있게 신문을 만들 수도 있다. 하지만, 독자들은 신문의 질 못지않게 페이지 수, 크기 등 양의 측면에서 구독료에 대한 효능감을 느끼기도 한다. 물론 가장 중요한 것은 콘텐츠의 질이다. 적절하게 타협을 해야 한다. 지역신문은 운동적 성격이 강하지만, 시장에서 또한 지속가능하게 살아 남아야 하기 때문에 생존은 중요하다. 기자들 월급도 제대로 못 주고 신문을 만든다는 것은 참으로 못할 짓이다. 지혜롭게 시장에서 살아남아야 한다. 구독과 광고의 선순환이 이어져야 하는데 이 선순환이 제대로 자리잡을 때까지 시간이 꽤 걸린다. 초심은 아름다웠지만, 재정에 허덕이면서 변질되는 신문이 많이 생기는 것은 이 때문이다. 당장 뗏거리도 안 생기는데 기자들한테 헌신을 강요할 수는 없는 노릇이다. 구독료는 찔금찔금 나오니 비교적 덩어리가 큰 광고에 신경을 쓰게 되어있고 기자한테 광고를 해오라고 하는 순간 이 신문은 사망선고에 직면해 있음을 알아야 한다. 구독 그래프를 그린다거나 창간기념일에 광고 수주를 기자한테 떠미는 신문사는 망조가 들린 것이다. 그런 신문사는 오래가지 못한다. 오래가더라도 지역에 그저그런 신문으로 생명연장만 길게 할 뿐이다.

창간을 하려면 사람을 모아야 한다. 창간준비위원회를 발족해 적어도 1-2년 정도 버틸 수 있는 총알을 마련해야 한다. 일단 기자 한 명을 상근직으로 채용하는 것부터 시작한다. 그러려면 적어도 최소 5천 만원에서 1억원 정도의 자본금을 모아야 한다. 군민주 형태나 협동조합으로 지역신문의 꼴을 갖추고 사회적기업 신청을 하는 게 좋다. 지역신문처럼 사회적 목적과 필요가 분명한 게 어디 있으랴. 그럼 인건비 지원과 사업개발비 등 버틸 수 있는 제도적 지원이 만들어진다. 제도적 지원이 끝날 때까지 자립기반을 갖추려는 노력을 해야 한다. 새로 시작하는 신문은 월 만원의 구독료를 권장하고 싶다. 웬만한 시민단체 후원도 만원부터 시작이다. 그런데 대부분의 지역신문은 대판 12페이지를 내고 구독료 월 5천원을 받는 게 일반적이다. 이 정도로는 답이 안 나온다. 물론 구독료 문턱을 낮추고 더 많은 구독을 하기 위해 5천원의 구독료를 유지하는 것도 바람직하지만, 참 지난한 길이다. 기존 구독료를 올리려면 저항이 만만치 않기 때문에 처음 시작할 때는 아예 월 만원으로 시작하는 것을 권하고 싶다. 지로는 없애라. 괜히 두 번 일만 만든다. 자동이체나 씨엠에스로 받는 것이 좋다. 무가지는 하나도 뿌리지 않는 게 좋다. 그래서 초창기 월 만원짜리 구독자 300명만 확보한다면 출발이 좋은 거다. 당장 월 300만원이 생기는 것 아닌가. 창간준비위원회나 군민주, 협동조합원들의 관계망을 통해서 월 300독자는 확보를 하는 것이 좋다. 그 밑천으로 이제는 제대로 된 실력을 보여줄 때이다. 매주 나오는 지면에 대한 만족도가 높아야 한다. 독자들의 눈높이는 갈수록 높아지기 때문에 구독자가 늘어날수록 취재기자를 확보하는 데 비용을 투자해야 한다. 구독이 많아지면 광고는 따라붙게 되어 있으나 초창기에는 대표나 이사, 운영위원 중심으로 광고 영업도 해야 한다. 광고는 보통 1면 66만원, 칼라 속면 55만원, 흑백 33만원, 줄광고는 한 줄에 5천원 정도 내외로 적정한 광고 가격을 매겨 매뉴얼화하는 게 좋다. 광고단가가 들쑥날쑥하면 신문에 대한 신뢰도가 떨어진다. 구독료 외에 들어오는 광고를 덤으로 여기면 마음이 편해진다. 이렇게 탄탄하게 자리 잡기 시작하면 보통 취재기자 3명(편집국장 포함)이 되면 비교적 기사의 질을 담보하는 지역신문을 만들어낼 수 있다. 신문사 운영은 뭐 다른 게 없다. 구독료와 광고료로 번 돈을 인건비와 운영비로 쓰는 것이다. 운영비는 되도록 단출하게 해야 인건비로 많이 지급할 수 있다. 결국 신문사는 능력 있는 취재기자를 얼마나 확보하느냐에 따라 성패가 갈린다.

'풀뿌리 민주주의'를 입버릇처럼 내뱉지만, 이것을 장착시키는 것은 매우 어려운 일이다. 풀뿌리 언론 없는 지방자치란 지역 유지들의 권력다툼과 돈 잔치에 불과하다. 그래서 지역신문을 풀뿌리민주주의의 초석이자, 마지막 보루라고 하는 것이다. 알아야 참여를 하고 자치를 할 것 아니겠는가. 지역 정보를 도무지 모르는데 어떻게 직접 행동을 하는가. 이를 위해서는 전문적인 풀뿌리 언론이 생활 속, 체계 속에 파고들어 끊임없이 정보를 제공하고 권력과 자본을 감시, 비판, 견제하는 저널리즘의 틀을 일상적으로 작동해야 가능한 일이다. 지자체 1년 예산이 어떻게

우리는 백두산서부터
한라산까지 마주 뚫린
한복판 길을 뚜벅뚜벅
걸어가련다 이 길이
조선의 길이기 때문이다

정지용 詩人의 산문글 '애국' 中에서
옥천 후학 김성장 붓

쓰이는지, 내가 뽑아준 의원들이 어떤 공적인 일을 하고 있는지 일상적 감시체계의 레이더망이 필요하다. 주민들의 생활 속 민원을 바닥에서 끌어올리고, 지역 변방 소수자의 삶에 감수성의 더듬이를 들이밀면서 지역의 변화를 알아채는 것이 중요하다. 그러려면 지역에 살아야 한다. 살아야 느껴지는 것들이 있다. 사람들과 부대끼면서 알아지는 것들이 있다. 직접 주민이 돼서 일상의 언어를 듣고 체득하는 일은 매우 중요하다. 그것은 바닥부터 언론의 신뢰를 쌓는 일이다. 신문사가 바로 지척에 있고 언제든 가면 기자를 만날 수 있고 기자에게 언제든 제보할 수 있는 이 환경은 매우 중요하다. 산성비처럼 쏟아져 내리는 서울의 이슈에 매몰되지 않고 뉴스의 사막에서 지하수를 파는 심정으로 관정을 꽂아 물을 길어 올린다. 척박한 논밭에 그렇게 물을 댄다. 목을 축이고 양질의 양식을 먹을 수 있는 이유는 그런 노력 때문이다. 권력과 자본의 갑질, 부조리, 부패, 예산낭비 사례를 실시간으로 감시한다. 말의 물

꼬를 트기 시작하면 글밭에 있는 양식들은 저절로 자란다. 주민이 주인인 생활정치, 풀뿌리가 살아있는 민주주의가 비로소 구현되는 것이다. 풀뿌리 공론장을 제대로 지키면서 가능한 일이다. 치우침 없는 모두의 목소리를 공론장에 올려놓기 위한 노력, 기울어진 공론장을 재건하여 무너지려는 공동체를 다시 복원하는 일은 사실 풀뿌리언론 없이는 불가능하다. 이는 지역의 삶을 기록하고 공유하는 그 자체로 '지역 역사'이기 때문이다.

글
황민호

02

제보는 이야기 속에서 나온다

이야기를 하다가 뜻밖의 제보를 말하는 사람도 모르게 받는다. 한 학교 선생님과 이런저런 이야기를 나누다가 휴대폰 수거와 학교 인권의 상관관계까지 나왔다. 그 교사는 휴대폰을 걷어야 한다면서 얼마 전에 특정 학교명을 거론하며 "학생들이 점심시간에 휴대폰으로 바카라와 토토를 하다가 걸렸대요." 이 말이 툭하니 나왔다. 휴대폰을 더더욱 걷어야 한다는 논리로 나름 답변하다가 말한 것이다. 그 제보를 편집국에 전달했고, 옥천신문 1면에 '학생도박 중독, 170만원 갈취하는 2차 폭력으로 번져'라는 기사가 나왔다.

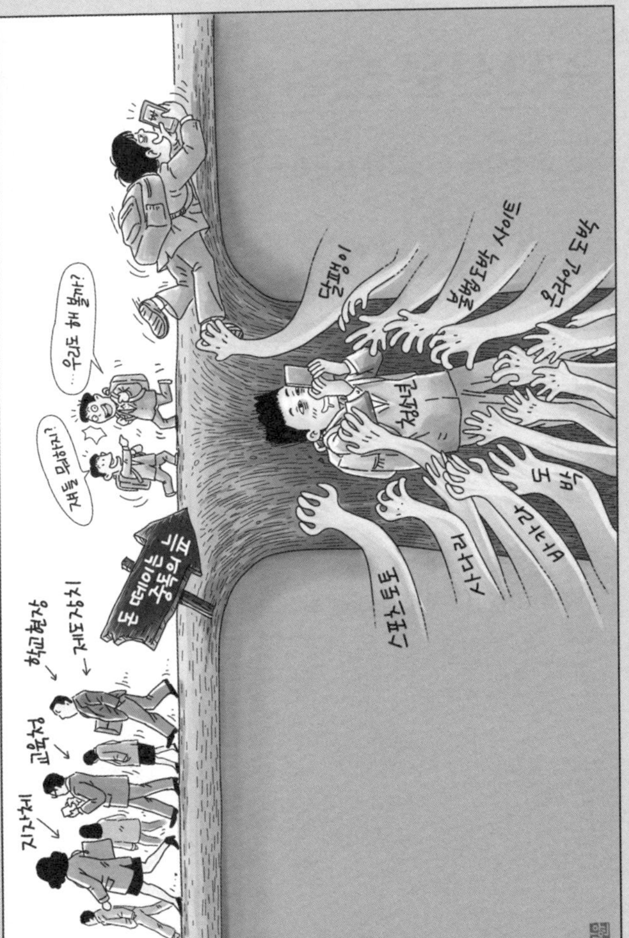

삽화: 김윤 작가 <옥천신문 자료사진>

옥천신문

소한 단기4356년 음력12월22일
2023년1월13일 금요일
제 1674호

구독 광고 733-7878 | 1989년9월30일 창간

<옥천 청소년 도박 중독 실태>

학생 도박 중독, 170만원 갈취하는 2차 폭력으로 번져

편집자주_최근 청소년들 사이에선 '스포츠토토', '달팽이', '바카라', '홀짝' 등 스마트폰을 통한 사이버 도박이 유행처럼 번지며 새로운 유형의 '또래문화'가 형성되고 있다. 청소년 간 '베팅'을 통해 얼마를 잃고, 얼마를 얻었는가를 논하는 게 '놀이'로 귀결되고 있기 때문이다. 암암리에 곪아오던 문제는 결국 수면 위로 떠올랐다. 지난해 10월 군내 A학교에서 약 170여만원의 금전갈취와 도박으로 인한 학교폭력으로 이어질 수 있던 상황이 발생했고, 사이버 도박에 대한 경험담도 수시로 오가고 있는 상황이다. 하지만 학교·교육청은 '학부모 간 원활한 합의', '단기간 교육이수', '스마트폰 회수' 등 단발적인 대처방안만을 내놓은 채 본질적인 해결 방안에는 손을 놓고 있는 실정이다. 실태조사와 해결 방안 구축은 사실상 '방관'에 가까운 셈. 이에 <옥천신문>은 최근 우리 지역 교육현장에서 발생한 청소년 사이버 도박문제에 대한 심각성과 교육현장에서의 부실한 대처방안을 짚어보고자 한다.

■사이버 도박으로 170만원 상당 금전피해 발생, 학교현장은 학부모 간 합의와 단발성 예방교육 및 핸드폰 수거 집중에 치중… 대처부실 지적

지난해 7월 군내 A학교에서는 도박문제로 인한 금전갈취 및 학교폭력으로도 이어질 수 있던 상황이 발생했다. A학교 B학생은 약 3개월간 적게는 10만원 많게는 100만원 상당의 금전을 C학생에게 빌려주고 돌려받지 못했다. 이에 약 170여만원의 피해액이 발생했다. 사이버 도박과 연계된 것으로 확인된 이번 사건은 B학생이 지도교사와의 상담을 통해 금전갈취 사실이 확인됐고 학부모 간 합의를 통해 금전배상이 이뤄졌다. 문제는 사건이 발생한 시점에서 약 3개월이 흐른 10월에서야 피해 사실이 확인됐고, 사후 대처 역시 부실하다는 것.

피해 학생의 학부모 D씨는 "아이들이 온라인 도박으로 엮인 상황들로 알고 있다"라며 "학교현장에서 제대로 지도 받고 있다고 보이지 않는다. 학교에선 학부모 간 원활한 합의를 제시한다는 느낌도 받았다. 가장 걱정된 부분이 2차, 3차 피해로 이어질 수 있다는 것인데 이에 대한 방지를 부탁드렸으나 이후에도 가해 학생들이 피해 학생들을 따로 소집하려 했다는 이야기를 자녀에게 들었다"고 말했다. 학교현장에서의 또 다른 제보에 의하면 교내 점심시간 '스포츠토토'를 하다가 담당 교사에게 적발되는 사건이 발생하는 등 사이버 도박과 연루된 문제가 학교폭력대책심의위원회로 넘겨지기도 했다. 하지만 학교현장에서의 사후조치는 2차례 예방교육과 핸드폰 회수 등 표면적인 해결책만을 내놓은 채 별도의 대책 마련으로 이어지지 못했다. 그와 함께 가속화되는 청소년 사이버 도박의 접근성과 청소년들의 인터넷 활용도의 속도를 교육현장이 따라잡지 못하고 있다는 지적도 나온다.

A학교 교장은 "학교현장의 교사들도 놀랐다. 도박 사이트는 당연히 성인용이고 별도의 성인인증이 필요하지 않겠나라는 판단을 했다"라며 "이러한 문제 때문에 학생자치회 차원에서 논의를 통해 학생들은 스마트폰을 반납하게 됐고, 두 차례 학생, 학부모 대상으로 예방 교육을 진행했다"고 말했다. 하지만 근본적인 해결 방향성에 대해선 진척이 없는 상황이다. 교육현장은 전문기관과의 연계를 통한 1~2차례 예방교육과 학생지도에만 초점을 맞추고 있기 때문이다.

지역학교 E교장은 "금액이 늘어 큰 문제가 되니 도박문제가 논의되기 시작했다"라며 "수시로 사이버 도박과 관련한 예방 교육과 고위험군 학생들을 지원할 수 있는 지원체계가 구축되어야 한다. 정보가 부족하니 교사들의 대처도 어렵다. 큰 학교의 경우 별도의 프로그램을 구성해 전문상담가, 전문기관과의 적극적인 협력체계가 필요하다"고 말했다.

이에 옥천교육지원청 조경애 교육장은 "지난해 A학교 학폭 심의위에서 도박이 학폭의 한 원인으로 제기됐다"라며 "청소년 도박 관련해 가정통신문이나 학부모 안내를 강화하는 등 철저한 예방교육이 필요하다고 생각한다. 해당 프로그램을 전문적으로 다루고, 지원청 차원에서 조치가 부족하다면 도 교육청에 적극 건의해서 강화된 조치를 취하겠다"고 말했다.

▷ 기사 2면 이어짐

김가연 kite@okinews.com

[옥천 청소년 도박 중독 실태]

"바카라 10분에 5천만원 베팅 목격"

성인인증 없는 가입절차, 포인트 선지급해 미끼로 활용
교실 현장 심각한데, 선택교육이 처방전?

▷ 1면 기사 이어짐

현재 불법 사이버 도박은 학교현장에서 새로운 또래문화로 자리 잡고 있다. 불법광고 노출 등을 통해 손쉽게 접해지는 사이버 도박 사이트들은 계좌 명의가 일치하는 등의 정보만 확인할 뿐 별도의 성인인증을 요하지 않는다. 때문에 인터넷, 스마트폰을 많이 이용하는 세대의 특성과 맞물려 청소년들은 도박에 쉽게 빠져들 수밖에 없는 상황에 놓여있다.

A학교에 재학중인 F학생은 "한 반이 20명이면 5명은 하는 것 같다"라며 "특히 월드컵이 시작되면서 많이들 했다. 불법 사이트는 너무 많고 인증도 필요 없어서 접하기도 쉽다. 적게는 만원씩 베팅을 하는데 심하면 중독이 되는 것 같다. 일본과 독일의 월드컵 경기에서 8배 넘게 딴 친구도 봤다"고 말했다.

우리지역 학교를 졸업한 지역주민 G(26)씨는 "1명이 도박에 노출되면 10명으로 늘어나는 것은 순식간이다"라며 "온라인 도박이 빠져들기 쉬운 구조다. 사이트에 가입을 하면 기본적으로 쓸 수 있는 포인트를 준다. 또 지인을 추천하면 포인트를 지급받기도 한다. 청소년인데도 불구하고 불법 대출을 받아서 하는 경우도 있다. 결국 돈을 잃고 이를 만회하기 위해 고금리 대출 채무자 되고 돌려막기를 반복하는 구조다. 10분에 바카라를 통해 5천만원을 베팅하는 것까지 봤다. 또 학급에 돈이 많은 학생이 돈을 빌려주며 '이자놀이'를 하기는 모습도 목격했다"고 당시의 상황을 설명했다.

이렇듯 이미 수년간 문제를 낳아온 사이버 도박문제에도 교육현장은 결국 전문기관과의 연계가 최선이라는 입장이다. A학교 교장은 "교육현장에서는 이미 한계가 있다"라며 "개인 핸드폰을 통제할 수는 없다. 전문기관과의 적극적인 연계 추진과 가정에서의 관심을 부탁드리고 학교현장을 지도하는 것밖에는 없다"고 말했다.

현재 우리지역을 포함한 11개 시·군에서의 청소년 도박 상담 및 예방교육 등 관련 사업은 세종충북도박문제예방치유센터가 주관하고 있다. 교육청 또는 학교의 요청이 있을 경우 연간 1~2회씩 진행되는 상담 및 예방교육이 현재로서는 유일한 지원책이다. 그러나 이마저도 학교장의 선택사항인 동시에 학교폭력, 흡연, 전자기기 중독 등에 후순위로 밀려있는 상황이다.

지난해 6월 학교보건법 개정을 통해 음주·흡연·마약·성교육·전자기기 중독 등에 이어 도박 예방이 최근 선택사항에 포함되었으나 학교장 재량에 의한 선택 교육으로 1년에 1~2차례 진행되는 예방교육이 전부일 뿐이다. 불법 도박사이트 규제 등과 같은 해결책은 내놓고 있지는 못하고 있다. 매년 국정감사를 통해 청소년 사이버 도박의 실태자료 제시와 함께 교육청, 지자체, 경찰청이 협업한 안전망 구축에 대한 논의가 오가고 있지만 성과는 전무하다. 이에 교육청은 2019년 '충청북도교육청 학생 도박 예방교육 조례'를 통해 지원 기반을 마련했으나 '권고'와 '가능성'만을 제시할 뿐 실제적으로 학교현장에서는 전문기관 연계 및 상담 지원 정도의 지원책에 머물러 있다. 사실상 학교현장은 청소년 사이버 도박문제에 대해 '무방비' 상태라는 것을 시사하고 있는 셈이다.

다만 문제를 인식한 도교육청은 도박문제와 관련해 올해 약 2천400만원의 예산을 책정해 학교현장을 적극 지원하겠다는 입장이다.

충청북도교육청 학교자치과 생활교육팀 박대우 팀장은 "현재 도교육청은 교사들의 연수와 더불어 도박문제 해결을 위한 기본계획을 세우고 있다"라며 "현재의 심각성을 인지하고 예방교육위원회 구성 등 다양한 예방프로그램을 검토할 수 있도록 노력하겠다"고 말했다.

■학교현장과 지역사회 합심한 협력체계 구축해 해결방향성 모색해야

지난해 한국도박문제예방치유원의 전국 1만8천444명을 조사대상으로 한 '청소년 도박문제 실태조사 보고서(2022)'에 따르면 학생 100명 중 5명은 도박문제에 노출되어 있고 이중 돈내기 게임 경험률은 36.8%, 처음 경험한 나이는 평균 11.3세로 집계하고 있다. 도박을 접하는 연령대가 낮아지고 있는 만큼 전문가들은 학교현장에서 발생된 당시 상황에 집중한 지도교육과 단발성 방안을 넘어 지역 차원에서 자체적 통제수치를 반영한 교육청-지자체 협력체계를 구축해야 한다는 데에 의견을 모으고 있다. 교육현장을 지원할 지자체의 적극적인 사례 발굴 및 예방 차원에서의 적극적인 방향성 모색이 필수라는 의견이다.

을지대학교 중독재활복지학과 김원호 교수는 "현재의 청소년 집단은 그 누구보다 또래에게 영향을 많이 받는 집단인 동시에 스포츠에 열광하는 세대다"라며 "또한 스마트폰, 인터넷을 기반으로 한 활용 능력이 이미 기성세대를 넘어섰다. 기본적으로 교육현장은 도박현장을 모른다는 것을 인정해야 한다. 지방자치 단위에서 사례들을 지속 발굴하고 지역 간 심도 있는 논의를 이할 토론의 장이 필요하다"고 말했다. 이어서 "현재의 상황이 지속된다면 결국 도박의 중독성은 성인기로 이어져 고착화될 것"이라 전망했다.

세종충북도박문제예방치유센터 김경진 센터장은 "현재 제도적인 측면에서 안정화되어 있다고 보기에는 어렵다"라며 "학교의 입장에서는 학교폭력, 흡연, 등의 문제를 한번에 묶어 교육하는 것이 유리하겠지만 도박은 다르다. 세심한 관찰과 지속성 있는 예방, 상담체계가 필수다" 라고 말했다. 이어서 "학부모와 교사 나아가 지자체 역시 청소년 도박 실태에 대한 심각성을 인지하지 못하고 있다. 지역 단위에서의 구체적인 안전망 구축이 필요하다"고 강조했다.

이에 군 행복교육과 권미란 과장은 "청소년상담복지센터에서 도박 관련 예방교육을 추진해왔고 올해도 진행할 계획이다"라며 "교육지원청 및 학교와 협력하며 예방교육을 보다 적극적으로 추진해나가겠다"고 말했다.

충청북도의회 박용규 의원은 "교육현장을 넘어 학교건 지자체건 문제를 인지한 순간 적극적으로 조치를 취해야한다"라며 "교육위원회 의원들과 도박문제를 심도있게 다루고 적극적으로 살펴보겠다"고 말했다.

김가연 kite@okinews.com

옥천신문 1674호 | "학생 도박 중독, 170만원 갈취하는 2차 폭력으로 번져" 기사

나름 충격적인 이야기다. 기사에는 사이버 도박사이트가 계좌와 명의만 확인할 뿐 별도 성인인증을 요하지 않는다는 점, 한 반에 25%가량이 보통 한다는 것, 일본과 독일 월드컵 경기에서 8배 딴 친구도 있었다는 점, 사이트 가입과 동시에 기본 포인트를 주고, 지인을 추천하면 또 포인트를 받아 끌어오게 한다는 점, 이 도박이 불법 대출과 연동된다는 점, 바카라 10분에 5천만원을 베팅하고 학생들끼리 이자놀이를 하며 돈을 빌려주는 것까지 곪고 곪아 있었다.

기름 값이 40% 급등하면서 칼바람에 힘든 에너지 빈곤층 이야기도 1면에 담겼다. 난방비 지원은 미미하면서 생색은 오지게 내고 단열 등 주거개선 대책이 본질적으로 이뤄져야 한다는 이야기가 담겼다. 청춘 학교 동이면 조령2리가 시인의 마을로 변신했다는 기사도 한판을 차지했다. 시들이 참 인상적이다. 여든 살 조정자 할머니의 시가 눈에 확 들어온다.

새재마을 청춘학교 강선예, 조정자, 장구자, 여경자 학생이 문예집을 들고 사진을 찍었다.

이종석 선생님

청춘학교에서 갈고닦은 실력은 마을을 꾸미는데 활용됐다. 새재마을은 '시인의 마을'로 거듭났다.(사진제공: 새재마을회)

평균 연령 82세 '청춘학교' 동이면 조령2리, '시인의 마을'로 변신

2018년 시작한 문해학교, 주민 작품이 '시판'이 돼 마을 꾸며

"삶이 곧 시가 된다" 밭 매러 갈 때도 꼭 챙기는 필기구, 메모지

새재마을 최고 복지는 청춘학교 "늙은 청춘도 꿈이 있는 우리마을"

"이름 없이 살다 갈 청춘들의 이름을 단 시가 남아" 뜻깊은 여생

주민들이 쓴 글은 원소스 멀티유즈다. 시판으로, 벽화로 또 한번 예술이 됐다.

새재마을 오광식 이장이 마을안길 따라 설치된 시판을 둘러보고 있다.

호미 잡던 손이 자연스러웠던 청춘이 연필을 쥔 청춘으로 다시 태어났다. 시 쓰는 삶은 처음 살아보니 마땅히 청춘이다. 평균 연령 82세 동이면 조령2리 청춘학교 학생들이 써낸 글에는 지난날의 청춘과 오늘날의 청춘이 녹아있다. 마을에 있는 공공기관이라고는 마을회관이 전부요, 하루에 오가는 시내버스 3대가 세상과 연결되는 유일한 수단인 오지마을에서 "청춘학교"는 배움터요, 놀이터요, 복지관이요, 체육관이요, 이웃과 연결되는 삶터다.

오광식 이장이 마을 일을 잡으면서 모든 일이 벌어졌다. 마을 일에 빠질 수 없는 것이 주민들의 서명인데, 본인 이름 석자 쓰기를 어려워하는 주민이 눈에 계속 밟혔다. 교사였던 오광식 이장의 마음에 불을 지폈던 이 사건은 조령2리로 귀촌한 또 다른 교사 출신 이종석 주민을 만나면서 문해학교로 발전했다. 초등교사였던 이종석(78) '선생님'은 현업에 복귀한 듯 한 자 한 자 글을 가르쳤고, 국어교사였던 오광식(67) '선생님'은 글짓기를 낯설어하는 청춘들에 삶이 곧 글이라는 것을 알려줬다. 나이 많은 제자들의 좌충우돌 시 짓는 삶은 선생님들의 삶에도 남다른 활력이 되고 있다.

'삶이 곧 글이다'는 선생님의 가르침을 일상에서 실천하고 있는 청춘들은 밭 갈다 말고 주머니에서 메모지를 꺼내 들고 시상을 남긴다. 지금 적어 놓지 않으면 금방 잊어버려 날린다. 자다가도 글 소재가 떠오르면 일어나 메모를 해야 한다.

〈멧돼지〉 강선예

이른 봄부터 심어놓은 옥수수를 / 밤 마다 멧돼지가 다 먹어 치우네 / 먹을 만큼 먹고나 가지 / 누가 밭을 갈아 달랬나 / 돼지야 돼지야 / 이제는 그만 먹고 / 우리도 먹게 / 멀리 멀리 가거라

〈너구리〉 강선예

요놈의 너구리 / 오늘 밤도 또 왔네 / 밤마다 나를 못살게 하더니 / 파릇파릇하던 땅콩을 / 다 파먹어 버렸네 / 너구리야 너구리야 / 네가 배부르면 / 내 배은 고프단다 / 아이구 / 내년에는 땅콩 농사 하지 말자

멧돼지가 밭으로 처들어와 땅콩과 옥수수를 다 망가 뜨렸다. 울타리를 쳤더니 이번에는 너구리가 작은 구멍으로 기어들어와 남은 땅콩과 옥수수를 털어 먹었다. 멧돼지와 너구리가 남긴 것은 두 편의 시가 전부다.

〈고구마〉 강선예

땅과 햇빛이 만들어주 고구마 / 마디마디 주렁주렁 / 땅 속에 보석일세 / 어찌 이리 빛고 고울까 / 오늘은 경로당 가져가 / 삶이 나눠먹자 / 아줌마 형님들과 나눠어먹으니 / 이것이 행복일세

뭐든 농사와 옥수수 농사는 망작이지만 다행히 고구마는 수확했다.

"이장 선생님이 생각나는 대로 적는 것이 시라고 했어요. 몇 자 적으면 잘했다고 하는데 그 칭찬이 그렇게 좋더라고요."(강선예 학생)

"시집 올 때 가마 타고 왔어요. 내가 무게가 있었나. 가마꾼들이 애를 먹었던 기억이 나고, 고향이 강건너인데 배 타고 왔다 갔다 하다가 배 놓치면 여울 찾아서 아랫도리 이만큼 젖어 가면서 오갔던 것도 기억나는데 이런 거를 다 적으라는거예요. 적으라니까 다 적었죠."(조정자 학생)

"장녀로 동생들 돌보는 삶을 살았고, 그 다음에는 시집와서 자식 키우면서 농사일 한다고 글자 배울 시간이 없었어요. 버스 탈 때, 기차 탈 때 그때가 제일 서러웠죠. 지금은 글자 다 보면서 타고 또 노인일자리 할 때 내 이름 당당하게 써서 좋아요. 밭 매다가도 허리 한 번 펴고 멀리 보면서 글 쓰는 생각하고, 이런 재미가 생겼어요. 참 좋아요."(여경자 학생)

사건사고도 시가 됐다. 불자동차 예닐곱 대가 마을로 들이닥쳐 불 뿌이대며 화재 진압에 나섰고, 불타는 집 아래서 혼자 사는 형님 돌아가셨다고 동네 아낙들 울고불고 난리법석이다가 만세삼창으로 끝났던 그 날의 일도 자연스럽게 시가 됐다.

〈내가 죽었다고 야단이었다〉 조정자

아침 밥상 치우고 / 방에 들어오니 불이 꺼졌다 / 셋째아 전기가 나가서 어떡하니 / 나가서 차단기 올려봐요 / 거실로 가보니 연기가 자욱 / 아이쿠 큰일났다 / 창문 열고 뒷새재로 도망쳤다 / 벌벌 떨며 쪼그려 움직이질 못했다 / 소방차 사람들 소리 요란하다니 / 조용해 내려왔더니 / 동네사람 모두가 만세를 불렀다 / 내가 살아 왔다고

이 대목에서 이장 선생님 한 말씀 하신다. 오광식 이장은 "아니 내려오려면 좀 빨리 내려와야지! 우리는 진짜 아이고!"

같이 뭐뚫어가는 마을의 특성상 물 넘어 나는 것도 마을에서는 사건사고다. 눈앞에서 물 불어 나는 것 본 것이 한두 해가 아닐진대 청춘학교 배움이 움튼 뒤 눈에 비친 금강은 또 다른 모습이다. '으르렁 힘 자랑 하는' 물길은 그대로 한 편의 시가 됐다.

〈강물〉 여경자

어제는 밤새 비가 왔다 / 강물이 많이 불었다 / 청성에서 오는 냇물과 / 무주에서 온 물이 / 서로 으르렁거리려 / 힘자랑 하느라 / 마을이 야단이다

시를 쓰는 시간은 나를 돌아보는 시간이기도 하다. 내 안의 감정을 있는 그대로 표현하면서 마음을 건강하게 한다. 서운한 마음도 글이고, 그리운 마음도 글이요, 보고픈 마음도 글이고 두려운 마음도 글이다. 표현하고 나누면서 서로의 마음을 다독인다.

〈아들〉 여경자

오늘은 내 아들이 왔다 / 그런데 바쁘다고 바로 갔다 / 아들 내외 싣고 나는 / 자가용 꽁무니가 너무 서운하다

〈당신의 그림자〉 이경봉

홀로 뜨락 한켠에 앉아서 / 초라해진 내 모습의 그림자와 말합니다 / 당신은 지금 어디를 가고 있나요 / 밝은 곳으로 잘 가고 있나요 / 아직도 당신의 잔소리가 들리는 여기 / 처마 밑에선 목소리 쟁쟁한데 / 바람소리와 함께 / 갔다가 왔다가 / 천당과 지옥을 넘나듭니다 / 내 마음속은 오늘도 / 왔다가 갔다가

〈우리얘기들〉 장구자

오늘은 우리 손자 손녀가 / 온다고 전화가 왔다 / 무엇을 해줄가 / 옥천을 갔다 와야 하나 / 설레인다 / 힘이 절로 난다

〈정신줄〉 장구자

요즘엔 정신이 없다 / 이승과 저승을 하루에도 / 여러번 왔다 갔다 한다 / 이러다가 / 어써 우리 손자 손녀 / 예쁘게 크는 모습을 볼 수 있겠는가 / 요놈의 정신줄을 저 / 돌보에 꽁꽁 붓들어 메고 싶다

동이면 조령2리 청춘들은 마을 자랑도 시로 한다.

〈자랑거리〉 이은용

산수가 자연의 근본을 이루듯 / 새재에는 늙은 학생들이 있다 / 청춘학교 / 행복마을 새재가 있다 / 늙은 학생들도 꿈이 있는 / 행복한 새재가 있다

〈행복마을〉 이은용

나는 새도 쉬어간다는 새재 / 마음을 내려놓고 / 좋은 이웃이 모여 웃음 꽃피운다 / 조령길 벚꽃과 아름다운 산수 / 하늘이 준 선물일세

그리고 이장 선생님한테 보내는 마음의 소리도 시로 한다.

〈이장〉 이명수

회관 앞에 앉아 쉬려고만 / 하면 원고지를 들고 나온다 / 공부하라 잔소릴 한다 / 이장 나오기 전에 얼른 / 청소나 하러 가자

■ 새재 마을 지키는 선주민 15가구 모두 청춘학교 글쟁이, "새재가 시인의 마을이 아니면 어디가 시인의 마을인가"

주민에게는 '새재마을'이라는 이름이 더 익숙한 조령2리는 동이면소재지나 옥천읍으로 오가는 접근성이 상당히 떨어진다. 주변에서도 "전쟁 때 피난 가는 마을"로 불렸다. 농사지을 땅도 적어 선주민들은 산나물 뜯고, 칡 캐고, 다슬기 주워다 팔며 자녀들의 '월사금(다달이 내던 수업료)'을 내야 했고 그렇게 하나 둘 마을을 떠나 15가구만 남았다. 마을이 유지 될 수 있는 것은 주말 살이 하는 귀촌가구 15가구가 옆에 있기 때문이다. 오광식 이장은 선주민과 이주민의 화합을 위해 마을회의를 주말로 옮겨 할 만큼 마을 화합을 위해 애썼다. 행복마을사업 1단계·2단계, 농촌현장포럼 등 마을만들기 사업이 됐다 하면 도전했고 선주민과 이주민의 화합 덕에 사업을 무리없이 수행할 수 있었다. 2018년 시작한 문해학교가 청춘학교로 진화해 도자기 만들기, 하모니카 수업 등이 더해진 것 역시 그 결과다.

새재마을 주민들의 6년의 시간은 마을을 처음 찾은 낯선이들도 금방 알아챌 수 있다. 주민의 사진과 작품이 함께 실린 시판이 마을안길을 따라 설치돼 있다. 시판을 하나, 하나 읽다보면 어느새 마을회관 앞까지 다다르게 된다. 주민의 삶이 시가 됐기에 시판을 읽은 낯선이는 잠깐 사이에 새재마을과 친근한 이로 탈바꿈한다.

"옥천을 대표하는 분인 정지용 시인이 있다지만 옥천에 '시인의 마을'이라고 부를 만한 곳이 사실 없는 것 같아요. 정지용의 후예들이 멀리 있지 않아요. 새재마을은 선주민 전체가 시를 쓰는 마을입니다. 우리가 지용의 후예가 아니라면 누가 지용의 후예겠어요. 우리 마을이 시인의 마을이 아니면 어느 마을이 시인의 마을이 되겠습니까. 외부와 단절된 오지마을이 아니라 외짓 사람들이 시찾는 마을 궁금해서 찾아오는 그런 새재마을 만드는 것이 청춘학교 청춘들의 꿈입니다."(오광식 이장)

"살아 생전 취미라고는 가져 본 적이 없었어요. 청춘학교 덕분에 글 쓰는 재미도 알고, 그림도 그려보고 하모니카도 불어봐요. 뭐라 해도 글 쓰는 게 가장 인상적이죠. 책을 읽었다 해도 생각을 해보는 그런 시간은 없었는데 글 쓰려고 하니 생각을 더 하게 되더라고요. 솔직한 이야기로 사람은 이름을 남겨야 한다잖아요. 이 오지 마을에서 죽어 없어져도 모를 우리 같은 사람들이 우리 이름을 단 시를 남기고 시판을 남기고 너무 좋아요. 나 죽었을 때 자녀들이 나를 이 시로 기억하고 추억한다고 생각하면 참 마음이 뜻깊어요. 무명으로 살다 죽을 인생에 이름을 붙여준 이장님, 선생님, 참 고마워요."(장구자 학생)

이현경 lhk@okinews.com

'내가 죽었다고 야단이었다. 아침밥상 치우고/ 방에 들어오니 불이 꺼졌다/ 셋째야 전기가 나가서 어떡하냐/ 나가서 차단기 올려봐요/ 거실로 가보니 연기가 자욱/ 아이쿠 큰일났다/ 창문열고 윗 새재로 도망했다/ 벌벌 떨며 쪼그려 움직이질 못했다/ 소방차 사람들 소리 요란하더니/ 조용해 내려왔더니/ 동네 사람 모두가 만세를 불렀다/ 내가 살아왔다고'

군더더기 없는 단어들이 그 현장을 생생하게 묘사해준다.

강물이란 여경자 할머니의 시는 어떤가.

'어제는 밤새 비가왔다/ 강물이 많이 불었다/ 청성에서 오는 냇물과/ 무주에서 온 물이/ 서로 으르렁거리며/ 힘자랑 하느라/ 마을이 야단이다'

'아들'이란 제목의 시도 좋다.

'오늘도 내 아들이 왔다/ 그런데 바쁘다고 바로 갔다/ 아들 내외 싣고 나는/ 자가용 꽁무니가 너무 서운하다'

강선예 할머니의 멧돼지 시는 유머러스하다.

'이른봄부터 심어놓은 옥수수를/ 밤마다 멧돼지가 다 먹어 치우네/ 먹을만큼 먹고 나가지/ 누가 밭을 갈아달랬냐/ 돼지야 돼지야/ 이제는 그만 먹고/ 우리도 먹게/ 멀리멀리 가거라'

이 짤막한 시에 삶이 고스란히 담겨 있다. 풀뿌리 지역 신문은 이래서 읽을 맛이 난다. 내 삶의 이야기를 나누고 내 삶의 문제를 같이 고민해주기 때문이다.

두 통의 전화를 받았다. 78살 이원면 지탄리로 귀촌한 지 6년 차인데 1천평 대추 농사를 지었는데 완전히 망쳤단다. 어떻게 하나 망연자실하고 있는데 땅을 임대한 땅 주인이 오며 가며 농사짓는 모습을 보았던 모양이다. 대추나무를 심었는데 대추가 정말 콩알만하 게 달린 것을 보고 내심 안쓰러움을 느꼈던 것. 1천평의 연 임대료가 250만원이었는데 다시 임대료를 지불할 시점에서 100만원을 성큼 깎아

주는 것 아니던가. 올해 농사를 보니 아무래도 힘드실 것 같아서 깎아드렸다는. 그래서 뒤늦게 농사를 시작한 이 어르신은 감동에 감동을 거듭한 모양이다. 옥천신문 구독자라며 전화를 주셨다. 미담 사례가 있는데 취재가 가능할까요? 반쯤 달뜬 목소리로 반쯤은 조심스런 목소리로 말을 건네는 노인의 말을 들으니 마음이 촉촉하게 적시어졌다. 요즘 세상에 이런 땅 주인이 어딨습니까. 꼭 신문에 소개를 해주고 싶은데 가능할까요? 그럼요. 얼마든지요.

대전 유성쯤 호남고속도로 부근에서 차량 접촉사고가 있었던 모양이다. 어떤 분이 전화를 하셨다. 거기서 제네시스 차량이 크게 접촉사고를 냈는데 한 사람은 나와서 경황없이 뭐라 뭐라 말을 해서 제 지인이 갑자기 내리더니 차량 안을 살펴보고 차 안에 기척이 없는 사람을 간신히 끄집어냈어요. 그리고 흉부 압박으로 심폐소생술을 해서 살려냈답니다. 맨 처음에는 맥박도 뛰지 않았거든요.

이 사람이 살려낸 거예요. 취재가 가능할까요? 그럼요. 당연하죠. 전화번호를 알려주세요. 그래서 신문사에서 만났다. 44살 지역에 사는 분이다. 모범운전자협회에도 가입되어 있고 현재는 5톤 차량 운전을 하는데 평소 배웠던 구조기술로 발빠르게 조치를 했단다. 계속 흉부 압박을 하다보니 숨이 되돌아오고 입안에 침이 흐른 것을 보고서 정말 하나님 감사합니다, 이 사람 좀 살게 해주셔서 고맙습니다라고 했단다. 하지만, 뉴스를 검색해보니 이와 관련한 것은 하나도 보도가 되지 않았다. 신문에 날 일까지는 아니라고 손사래쳤지만, 어찌 귀한 소식이 아니겠는가.

이런 제보들이 실시간으로 매일 오다시피 한다. 정말 이게 뉴스가 될까 하는 마음으로 어렵게 노크하는 사람도 많다. 커뮤니티 저널리즘에서는 특별하지 않은 사람은 없고, 하찮은 뉴스는 없다. 우리 공동체 구성원들의 모든 소식은 다 귀하다. 뉴스의 문턱을 낮추는 것 매우 중요하다.

그리고 언론사의 문턱을 낮추는 것도 매우 중요하다. 언덕 위에 있지 않고 드나드는데 동네 사랑방처럼 누구나 아무나 드나들 수 있도록 하는 그런 분위기를 조성하는 게 필요하다. 사람들이 많이 모이는 시내버스 종점에 위치한 옥천신문은 그런 곳이다. 목마른 사람 누구나 와서 목을 축일 수 있는 곳이고, 배고픈 사람 누구나 와서 글의 양식을 얻어갈 수 있는 곳이다. 말의 우물, 글의 곳간이라고 명명했다. 이렇게 말과 글을 지켜내는 것은 매우 중요하다. 말과 글은 절대 돈과 힘에 의해 좌우되어서는 안 된다. 평평한 곳에서 누구나 와서 말의 물과 글의 양식을 먹을 수 있는 곳이 바로 풀뿌리 언론사가 되었으면 좋겠다.

옥천은 옥천신문이 있기에 매주 이토록 많은 이야기들이 넘실대고, 지역의 공론장에 같이 고민해야 할 이슈들이 산적한데 건강한 풀뿌리 언론이 없는 곳은 그야말로 목소리들의 화장터이다. 억울하고 힘없는 약자들의 목소리가 죽어간다. 자본과 권력의 카르텔이 공고하고 목소리 하나 비집고 나올 틈 없이 메말라 죽어간다. 지역 자결주의로 33년 전 옥천이 그러했던 것처럼 주민들이 돈과 마음을 모아 군민주 신문을 창간하면 좋겠지만, 그것은 예나지나 녹록치가 않다. 여러 걸림돌을 헤쳐나가야 하고, 스스로 비빌 언덕을 만들어야 하는데 쉽지 않다. 저항과 투쟁의 공동체와 대안과 건설의 공동체는 동전의 양면과 같다. 어느 한쪽을 버리고 어느 한쪽이 잘 될 수 없다. 지역의 역사를 써 내려가는 아카이브의 기능을 한다는 것, 삶터의 공론장을 재건하며 풀뿌리민주주의 싹을 틔우게 한다는 점에서 지역공동체 운동에서 풀뿌리 언론은 선택영역이 아닌 필수 영역이다. 옥천신문의 농축된 지혜를 갖고 다른 지역에 작은 풀씨를 이식하는 작업을 조금씩 진행하고 있다. 그래서 풀뿌리 공론장을 지키는 원탁의 기자단을 모집하고 있다. 행정구역의 경계를 넘어서 자본과 권력의 틈을 비집고 들어가 힘없고 돈 없고 뒷배 없는 약자들의 목소리를 듣고 있다. 그것이 어렵고 힘든 시대에, 구태와 무능이 찌든 지역에, 부조리와 부패가 판을 치는 농촌에서 새롭게 시작해야 하는 사명이라 생각하고 있다. 다시 처음부터 시작할 것이다.

글
황민호

03

얼굴 있는 보도와 살아 움직이는 공론장의 말

<옥천신문> 입사와 함께 옥천에 자리 잡았다. 그 시간이 어느덧 10년을 채웠다. 처음은 "낯설었다". 연고 하나 없는 지역에 외따로이 서 있는 느낌, 그런 낯섦이 아니다 – 더욱이, 농촌 지역에서 난 이는 성장 과정에서 도시로의 이동과 낯선 공간에서의 적응은 통과의례다 – 옥천 주민은 너무나 쉽고, 가볍고, 자연스럽게 신문사를 찾았다. 이런 상황은 본 적도, 들은 적도, 배운 적도 없어 직·간접적 경험이 제로(0)였고 그랬기에 낯설었다. 10년이 지난 지금 돌이켜 보면 '옥천'이 아니었으면 이 같은 경험은 여전히 없었을 것이라 본다.

"어떤 제보까지 받아 봤니?" 소소하게 오가는 편집국 대화 주제다. 빠지면 섭섭한 에피소드가 있다. 40일간 꼼짝 않고 자리를 지켜 다섯 마리 병아리를 부화시킨 반려 닭 이야기를 두고 "이런 것도 기사가 되나요?"라는 전화를 받았다. 안 될 이유가 없다. <**"엄마닭이 품어 부화시킨 병아리예요"**> 기사화됐다. 마

옥천신문 1436호 (2018년04월27일자) | "엄마닭이 품어 부화시킨 병아리예요"
<옥천신문 자료사진>

을에 땅을 시사한 이의 제사를 70년간 지내고 있는 한 마을의 이야기, 면 중심부에 위치한 공원에서 올리게 된 야외 결혼식, 일흔이 넘은 회원의 합동 생일잔치, 열정 넘치는 아쿠아로빅 선생님 자랑, 한우인 송년의 밤, 각종 생활스포츠 대회 수상 소식 등 무수히 많은 이야기들이 '신문사로' 쏟아졌다. 순식간에 만들어진 습이 아니다. 창간 35주년을 맞은 <옥천신문>의 역사는 지역주민이 '지역신문'을 어떻게 활용해야 하는지 연습하고, 내재화한 시간이다. 또한, <옥천신문>이 주민의 부름에 응답한 시간이기도 하다. "개가 사람을 물면 뉴스가 아니지만 사람이 개를 물면 뉴스가 된다"는 말이 있다. 일상적이지 않은 특이한 사건, 극적인 변화를 야기 하는 사건이 뉴스가 되는 경향을 표현한 인용구다. <옥천신문> 보도에는 이 공식이 통하지 않는다. "사람이 개를 물어도 뉴스요, 개가 사람이 물어도 뉴스다" 35년은 <옥천신문>이 주민의 제보를 성실하게, 부지런하게 담아낸 시간이기도 하다.

옥천군 청성면 소재 청성파출소 통폐합(안)을 열흘 만에 막아선 것은 사건 중의 사건이다. 충북청은 면 소재 파출소 2개를 통합 후 인력을 절반으로 줄이는 안을 구체적으로 검토했다. 그간의 신고 현황, 이웃한 파출소와의 거리 등이 조사된 보고서를 두고 있을 정도다. 지난해 2월, 인사 발표에 맞춰 청성파출소를 치안센터로 격하하려던 계획은 주민 반대로 무산됐다. 이 같은 소식을 접한 청성면민들은 대책위를 꾸리는 동시에 <옥천신문>에 이 같은 사실을 알렸고 '짧은 시간'에 청성파출소 통폐합(안)은 지역사회에서 '공론화'됐다. <대민 서비스 기관 청성파출소, 주민도 몰래 통합 움직임> 보도 엿새 뒤 <충북경찰청 청성·청산 파출소 통합 철회> 속보가 <옥천신문>을 탔다. 청성면민들이 파출소 통폐합 소식을 <옥천신문>에 알린 지 열흘 만의 일이다. 검토 단계에서 당연히 필요했지만 빠졌던 '공론화' 과정이 지역주민의 문제 제기로 시작됐고, 지역신문은 '공론장'에서 '공론장'으로서 역할을 해냈다. 주민의 날것의 말은 △주민 의견 수렴이 빠졌던 통폐합(안) 검토 과정 △인구의 절대 수만 따지고 고령화 등 질적 분석은 없었던 상황 △지역 맞춤형 치안서비스 하겠다고 자치경찰제 도입해놓고 대민 소통 최일선 파출소는 줄이는 엇박자 행정 △인력 감축 시 9명이 2개면 51개 마을 치안을 담당해야 하는 현실 △마을과 마을 간 이동 거리 최대 30km 차량 이동 30분 소요 현실 등 말로 치환됐다. 살아 움직이는 공론장의 말들은 변화를 끌어내기 충분하다. 개인의 문제를 공공의 문제로 나아가게 하는 주민의 힘, 그 과정에서 거침없이 지역신문과 소통하는 관습, 공론장에 다른 주민을 끌어내는 지역신문의 역량, 기꺼이 공론장에 올라 함께 의제를 이야기하는 또 다른 주민의 힘, 어느 하나라도 빠졌다면 열흘 사이 변화는 없었을 것이다. 자신의 자리에서 제 역할을 해낸 35년의 시간, 그것이 옥천이 가진 힘이다.

옥천 생활은 배움의 연속이었다. '얼굴 있는 먹거리'도 옥천서 배웠다. 먹거리를 사면서 가격보다 생산자를 먼저 보게 되는 자연스러운 습관이 몸에 배기 시작했다. 각각의 기사를 보면 그 기사를 쓴 기자의 이름이 바이라인에 쓰여있다. 인터넷에 올리는 기사는 이름뿐만 아니라 기자의 사진을 올리는 경우도 있기에 그래서 조금은 체감하고 있다. 자신의 이름(과 얼굴)을 내건 활동이 가지고 있는 책임의 무게를. 자신의 이름과 얼굴을 내건 먹거리에 담긴 농민의 책임을 알기에 이는 먹거리에 대한 신뢰로 이어졌다. 옥천을 방문하는 지인의 손을 잡고 자신있게 로컬푸드 직매장을 그리고 카페 뜰팡(옥천 농산물로 음료 등 제조)을 향할 수 있는 것도 얼굴 있는 먹거리가 주는 두터운 신뢰에서 비롯된다. 기자라는 직업 덕분에 농민 당사자와 직접 만나 대화하고 나아가 어떻게 농사짓고 있는지 어설프게나마 알고 있는 것이 신뢰를 더욱 견고하게 했다. "이렇게 저렴하게 파셔도 되나?", "토마토 농사 (포기하지 않고) 지어주셔서 감사합니다", "딸기는 ○○○(농민 성함)

채소

이 브랜드다! 이거 사야해!", "OOO(농민 성함) 회장님 것이 왜 안 보이지? 무슨 일 있으신가?" 장 보면서 어떤 소비자가 이런 말을 내뱉을까. '얼굴 있는 먹거리'가 신뢰로 이어준 생산자-소비자 '관계 시장'을 잘 보여주는 사례라 자신한다. 그리고 이를 언론의 신뢰를 논할 때 종종 인용한다. 지역신문의 부름에 답하는 지역신문의 관계성, 그 사이에 켜켜이 쌓여가는 '얼굴 있는 보도'의 신뢰가 <옥천신문>을 버티게 하는 힘이다.

창업이수성난(創業易守成難, 창업은 쉬워도 지키기는 어렵다). 창업자의 뜻을 계승해 지속적으로 발전시키는 것을 수성(守成)이라 한다. 당태종 고사에서 유래한 말이다. 창업과 수성, 둘 중 어느 것이 어렵냐는 질문에 당태종은 "창업의 어려움은 끝이 났다. 그러니 여러 공(公)들

◀ 옥천 로컬푸드직매장에 토마토를 납품하고 있는 농민. <옥천신문 자료사진>

과 함께 수성에 힘쓸까 한다"고 답했단다. 35년 역사의 <옥천신문>은 겉으로 보면 창업의 과정이 끝난 상태다 — 어떤 회계사의 말을 빌리면 재정적으로 안정되지 않은 사업장은 업력과 상관없이 스타트업으로 분류해야 한다는데, 이 기준이면 <옥천신문>은 35년 째 스타트업 상태다. — 창업자의 뜻을 계승해 지속적으로 발전하는 수성은 고사에도 분명히 밝히듯 어렵다(난, 難). 얼굴 있는 말들이 공론장에 지속적으로 나올 수 있도록 하려면 먼저 취재기자들부터 얼굴을 드러내야 한다. 취재기자들의 개인 전화번호가 공공재처럼 된 상황은 단적인 예다. 지역 주민들의 얼굴이 드러나기 위해서는 '제보=보도'라는 경험을 쌓게 하고, 지역신문의 효능감을 체험케 해야 한다. 다시 말해 제보의 상당량을 보도화해야 한다. — 그렇다고 모든 제보가 기사로 만들어지는 것은 아니다. '공공성', '공동체성'을 찾기 어려운 경우 보도를 할 수 없다. 이 제보가 왜 보도 가치가 떨어지는지 설명한다. 이 과정은 편집국과 제보자 간 일종의 '미디어 리터러시'

라 할 수 있다. 기사화에 실패(?)한 제보자의 절반은 '공공성'을 찾아 다시 <옥천신문> 문을 두드리기도 한다. — 창업이수성난이라는 말이 오늘날까지 유효한 이유는 그 만큼 수성의 사례가 없기 때문이다. 창업 과정에서는 용인됐던 것들이 수성 과정에서는 안 되는 것들도 많다. 순간적인 판단, 큰 위험을 감수하고도 과감하게 밀어붙이는 선택과 힘 등은 창업 과정에서 필요한 것이다. 수성은 시스템을 만들고 그 시스템이 제 역할을 할 수 있도록 공(功)들이는 것이다. '얼굴있는 보도와 살아 움직이는 공론장'은 그동안 <옥천신문>을 지나간 그리고 현재 청춘을 바치고 있는 이들과, 수십년 간 언론의 문을 두드리며 공론장의 주체가 된 옥천 주민들이 협업해 만든 시스템이다. 오늘도 한 순간에 무너질 수 있다는 두려움과 지켜내야 한다는 각오로, 수성(守成)에 사활을 건다.

글
이현경

04

공동체 저널리즘 윤리에 대하여

단지 채널을 만드는 게 아니라
공동체저널리즘을 한다는 것

미디어를 만드는 것과 저널리즘을 하는 것은 엄밀히 말하면 같은 듯 다르다. 하나의 유튜브 채널을 운영하는 것은 미디어로 상업적인 이익을 취하는 것일 수 있고, 동영상을 찍어주고 납품하거나 디자인 인쇄를 해주면서 미디어 관련 일을 할 수는 있으나 저널리즘은 이와 비교하면 완전히 다른 것이다. 사회의 공기를 만드는 것이다. 숨쉬는 공기 뿐만 아니라 밥 먹는 공기, 즉 사회의 숨을 쉬게 하고 사회의 (말과 글)밥을 먹는 그릇을 만드는 것이다. 재밌는 이야기를 만들어서 유튜브 콘텐츠에 구독을 늘이고 뷰를 늘이는 것과는 다른 일이다. 물론 자생력을 기르기 위해 수익을 창출하는 일이 무엇보다 중요한 일이겠지만, 주민들의 필요에 복무하는 것이 더 중요하다. 그런 의미에서 커뮤니티저널리즘은 솔루션 저널리즘일 수밖에 없다. 주민들의 삶과 밀착될 수 밖에 없고 밀착되면 밀착될수록 다양한 민원과 제보가 잇따를 수밖에 없다. 그런 민원과 제보를 취재하다 보면 지역의 힘 있는 사람들과 여러 직책을 갖고 있는 사람들, 그리고 돈 많은 사람들, 관료들과 반드시 부딪치게 되어 있다. 이는 필연적이다. 거기서 어느 편에 서느냐 보다 우리는 옳고 그름에 대한 상식적인 판단과 끊임없는 논의가 필요하다. 이 때문에 홀로 취재하고 기사 쓰는 것이 다소 위험할 수 있다는 생각이 든다. 편집국이란 존재는 다양한 생각을 맞부딪치면서 주관적인 생각과 관점을 객관화하는 과정이다.

우리가 취재를 하면서 공들여야 하는 것들

1차적으로 사안에 대한 다양한 이해관계자 이야기를 귀담아 들어야 하고, 2차적으로 사안과 관련된 참고 자료들을 찾아 읽어내고 관련 전문가의 이야기를 듣는 것이 중요하다. 대충 인터뷰하고 행사 취재하는 것과 달리 민원 등 관련한 취재는 행정용어와 관련법에 대해서도 숙지를 해야 하고, 반드시 전문가 자문도 받아야 한다. 그래야 법적 다툼으로 가더라도 튼튼하게 준비할 수 있다. 팩트 확인을 넘어서 맥락적 진실에 대한 고민을 끊임없이 해야 한다. 사안들은 복잡다단할 수 있고 단 한 가지 팩트만 갖고 밀어 붙이면 한계가 명확한 기사가 될 수밖에 없다. 글은 기록으로 남고 기사는 많은 사람들과 공유되는 것이기 때문에 팩트 확인이 잘못 되었을 경우, 언론사 자체에 타

우리의 신성한 국토 내에서 우리를
노예로 하는 원수의 왜 민족을 축출
하고 말리라.

조동호 선생님의 '독립완성시기' 中에서
옥천 후학 김성장 붓

격이 크다. 일단 다양한 이해관계자의 이야기를 듣고 사실 확인을 하면서 충실하게 취재를 해야 한다.

이렇게 취재가 되었으면 편집국에서 같이 논의해서 최종 어떻게 쓸 것인지 같이 방향을 잡는 것이 필요하다. 이런 많은 과정을 통해 폭넓은 시야와 관점을 확보하며 기자는 성장할 수 있다. 이 부분은 기성 언론과 별반 차이가 없을 수도 있다. 하지만, 여기서 탑재되어야 할 것은 더 엄격한 윤리 의식일 수 있다. 대충 써낼 수가 없다. 내 일상을 공유하는 사람들을 때론 비판해야 하고 감시하고 견제해야 한다. 커뮤니티저널리즘은 '창'이 아니라 '거울'에 가깝다. 거울은 나와 내 삶터를 비춰보면서 문제점을 발견하고 끊임없이 이야기하는 것이다. 내가 완전히 공동체에서 벗어난 타자가 아니라 공동체에 속해있는 구성원이라는 것이다. 특히 인구가 얼마 되지 않은 한 다리 건너면 다 아는 농촌지역일 수록 더 엄격한 윤리의식이 요구된다.

그런 사회일수록 사회적 평판이 굉장히 중요하고 또 다른 의미에서 사회적 비판이 되면 견딜 수 없는 저항에 직면할 수 있게 되기 때문이다.

익명과 실명, 어떻게 보도할 것인가?

한 금융관계자가 대출 관련 뇌물 수수 등에 얽매여 기소가 되었을 때 취재가 되었을 때 해당 가족들이 신문사를 찾아오거나 수차례 전화를 하여 '제발 보도를 하지 말아달라'고 부탁한 적이 있다. 기소만 된 상태이고 아직 재판 결과가 나오지 않았기 때문에 자칫 낙인을 찍히면 안 된다고 심각하게 보도 만류를 했다. 보통 공공기관이나 금융기관, 또는 공인의 경우에는 수사나 기소 단계에서도 보도를 하는 것이 관행이었으나 개인의 신분이 지나치게 노출되면 재판도 하기 전에 낙인이 찍혀 앞으로 지역사회에서 생활이 어렵다고 하소연을 했다. 그래서 타협을 한

결과 최대한 익명으로 사건을 보도했다. 농협이라고 하면 몇 개 밖에 안 되고 특정될 수 있기 때문에 금융기관으로 표기를 했고 이니셜과 무관하게 알파벳으로 해당 당사자를 전혀 유추할 수 없도록 표기를 했다. 하급 직원이었기 때문에 당사자가 '누구냐'보다 행위에 초점을 맞추었고 관리감독을 하지 못한 기관에 책임을 묻는 방향으로 보도했다.

익명성은 매우 중요하다. 30년 전 옛날 신문에는 용감하게 사건 사고 기사에도 실명과 나이, 사는 곳 까지 그대로 기재했다. 하지만, 이는 명백한 명예훼손이 될 수 있다. 누구냐보다 사건 행위에 그리고 이를 어떻게 처리했느냐에 방점을 찍어야지, 누구냐를 파헤치려고 들면 사회적관계망에 많은 피해자를 양산할 수 있다. 익명을 표기할 때는 철저하게 익명으로 읍면도 표기하지 않고 조금 더 높은 행정구역으로 표기를 하고 이니셜 영문이나 한글로 절대 표기하지 않고 상관없는 ABC표기를 하는 것이 좋다. 반면, 공인들과 책임 있는 공무원의 말일 경우 대체로 실명처리를 하려고 노력해야 한다. 팀장급 이상, 단체장이나 의원들의 멘트를 인용할 경우 실명처리가 바람직하다. 그들은 공인으로 활동하는 만큼 말 자체가 정치행위이기 때문이고 행정행위이기 때문이다. 말에 그만큼 책임을 져야 하는 위치이기 때문에 실명을 쓰는 게 맡다. 공동체 저널리즘에서 익명은 최대한 아무도 모르게 익명으로, 공인의 실명은 최대한 실명 그자체로 명기해야 한다는 원칙을 지켜야 할 필요가 있다.

피해자의 입장도 존중하라

사건사고 기사의 경우, 그리고 민원의 경우에도 경찰이나 행정관계자를 통해 이야기를 들어 기사를 쓰는 것이 대부분이다. 직접 가해와 피해자를 만날 수가 없다. 개인

정보보호 때문에 연락처가 없어 연락을 못하는 경우도 대부분이다. 경찰발이나 행정발로 기사를 쓰는 경우가 대부분인데 피해자가 기사가 나기를 원하지 않는 경우, 애매해진다. 피해자의 인권과 사안의 공익성 사이에서 치열한 논의가 필요하다. 보도됨으로 인해 얻을 수 있는 공공의 이익과 훼손되는 피해자의 인권 사이에서 우리는 더 많은 논의를 해야 한다. 하지만, 한 사람의 희생위에 얻어지는 공익이란 없다. 사안이란 이미 일어난 것이고 피해자의 이야기에 귀를 기울일 필요가 있다고 생각한다. 기사에 대한 욕심도 욕심이고, 이런 일들이 지역에서 벌어지고 있다는 현실을 일깨울 필요도 있지만, 피해자가 원하지 않는 뉴스를 과연 어떤 공익을 위해 내어야 하는지에 대해 고민을 할 필요가 있다고 생각한다. 그렇게 해서 묻혀 지는 기사들이 꽤 된다. 피해자의 인권을 훼손하지 않는 범위 내에서 어떻게 보도를 할 것인가에 대해서도 방법론적으로 고민이 필요하다.

공적 이슈와 사적 민원의 구분 방법

신문이 알려지다 보면 별의별 제보들이 다 들어온다. 하지만, 언론사는 모든 민원과 제보를 처리할 수 있는 흥신소가 아니다. 간혹 보면 남편의 불륜까지 카카오톡을 캡처하고 증거사진을 보내서 언론사에 제보하는 경우도 있고 이웃 간 땅 분쟁도 단골 민원 소재로 많이 제보된다. 하지만, 사인간의 갈등은 엄밀히 말하면 공적 이슈는 아니다. 공공예산이 들어갔거나 공공행정과 연계된 문제의 경우, 공적이슈에 들어가지만, 사인간의 문제를 해결하려고 취재할 필요는 없다. 이는 민사법정에서 해결할 문제이다. 이 부분까지 언론이 개입하기 시작하면 문제는 해결도 안되고 갈등만 불거지고 양쪽에서 욕을 먹기 십상이다. 하지만, 모든 것을 법정에서 시시비비를 가리면 사실 변호사들만 배불리는 꼴이 되고 치루는 사회적 비용이 엄청나다. 그래서 지자체에서는 이웃분쟁 조정센터를 만들기도 한다. 평택에서는 2019년 6월 전국 최초 이웃분쟁조정센터 조례를 만들어서 시행하고 있고, 광주광역시에서는 2015년부터 마을분쟁해결지원센터를 운영하고 있어 매해 500여 건에 달하는 민원을 해결하고 있다. 사적 분쟁도 공적으로 해결하는 지자체의 정책은 합당하고 마땅하다. 이는 언론보다는 실질적 해결이 가능한 지자체 분쟁조정센터에서 해결하는 것이 공익적으로도 유용하다. 언론은 이 분쟁조정센터의 사례를 보도하면 된다.

차별과 편견, 혐오를 부추기는 보도는 금기해야 한다

서울대학교 합격생이 나왔다고 해서 취재를 한다는 것도 차별을 부추기는 보도이다. 옥천신문은 20년 전에 서울대 합격생을 자랑스럽게 인터뷰한 적이 있으나 작금에는 학교 정문에 서울대 합격을 거는 행위 자체를 인권을 침해하는 차별행위라고 지적한다. 인권감수성은 해마다 높아지고 있으며 이에 맞게 언론도 변해야 한다. 특히 장애인이나 성소수자, 노인 등을 비하하는 문장이나 용어들은 특히 조심해야 한다. 귀머거리, 벙어리, 장님 이란 용어도 차별적인 언사이고, 어린이들을 대상으로 군이나 양을 붙이는 것도 하대하는 표현이므로 조심할 필요가 있다. 학생이나 되도록 '씨'를 붙여주는 것이 바람직하다. 인권감수성은 나날이 높아지고 있고 이에 대해 주파수를 맞추며 인권침해형 단어나 문장을 쓰지 않도록 각고의 노력을 해야 한다.

글
황민호

05

공론장을 지키는 3주체, 시민-공익신고자-풀뿌리 언론

전반전

#1. 동아일보 자유언론실천 투쟁의 중심에 있었고 한겨레신문 창간 후 초대 사장을 맡은 '한국 언론인의 사표' 송건호 선생이 태어난 곳은 충북 옥천이다. 고향 후배들은 선생의 뜻을 기리기 위해 (사)송건호기념사업회를 만들었고 주요사업으로 옥천FM공동체라디오, 송건호언론문화제를 열고 있다. 송건호언론문화제는 몇 차례 행사의 성격을 바꿔왔는데 2023년부터 △송건호풀뿌리언론상 △송

군북면 비야리에 있는 '송건호선생 생가 터'의 모습.

(사)청암송건호기념사업회 김병국 이사장이 청암선생 흉상과 기념촬영을 했다.

건호언론시민상 △송건호공익신고자상을 제정해 시상을 이어가고 있다. 선생이 만들고자 했던 민주시민사회는 '건강한 공론장'을 바탕으로 하는데 풀뿌리 언론인, 성숙한 언론 시민, 용감한 공익신고자는 이를 지켜가는 핵심 인물로 공로를 기리고자 함이다. 공론장에 의제를 던지는 공익신고자(혹은 제보자), 공론장에 오른 의제를 비판적으로 이해하고 공감하는 언론 시민 그리고 이들이 안전하게 의제를 이야기할 수 있도록 공론장을 지키는 풀뿌리언론인은 서로를 확인하고 격려할 필요가 있다. 또한, 공론장을 건강하게 만드는 3주체로 호명하고, 각각의 주체가 책임이 있다는 것을 분명히 한 것이기도 하다. 3주체 중 어느 하나만 건강성을 잃어도 공론장은 건강할 수 없다.

#2. 공론장에 오르는 의제들이 '1+1=2'처럼 정답이 있는 것들이면 좋으련만 그렇지 않은 경우가 있다. 어쩌면 더 많을지도 모르겠다. 정답에 가까운 해답을 찾기 위해 공적인 대화를 할 수 있어야 한다. 지금 찾은 해답이 끝이라는 생각도 말아야 한다. 열린 결말로 두고 또 논의하고 또 대화해 더 나은 해답으로 나아가기도 해야 한다. 공론장에 참여한 주체들이 어쩌면 서로의 의견을 비판적으로 검토하고 합리적으로 추론해 가장 근접한 대안을 찾아야 하는 것이다. 언론, 시민, 공

언론 3주체가 한데 모여 건강한 공론장 회복 함께 외친 제14회 청암송건호 언론문화제에서는 옥천고등학교방송부(OBS) 학생들의 활약이 돋보였다. 학생들은 지역언론의 가치는 "소외된 목소리를 담아낼 창구"가 되어야 한다며 목소리를 높였다. 이날 12명의 옥천고 방송부 학생들은 '송건호언론시민상'을 수상했다. <옥천신문 자료사진>

2021 청암 송건호 언론문화제에 참석한 자유언론실천재단 이부영 이사장. <옥천신문 자료사진>

익신고자 3주체 중 어느 하나만 건강성을 잃어도 가장 근접한 대안을 찾는 것은 한없이 어려워 질 수 밖에 없다.

#3. 공론장의 3주체는 '탈진실'을 경계해야 한다. 탈진실(Post-truth)은 '객관적 사실보다는 감정이나 개인적 신념이 여론 형성에 더 큰 영향을 미치는 오늘날의 시대상

을 언급하는 용어'다. 다시 말해 개인의 신념과 정서에 부합한다면 참으로 여겨질 수 있는 것이다. 같은 의미로 개인의 신념과 정서에 벗어난다면 너무나 쉽게 '가짜 뉴스'가 될 수 있는 것이다. 불편하고 불쾌할 수도 있는 '비판적 검토'가 어렵지 않게 '가짜 뉴스'가 될 수 있다는 것이기도 하다. – 탈진실은 옥스퍼드사전 올해의 단어로 선정됐다. 다수의 보도에 따르면 옥스포드사전 위원회는 "탈진실이라는 단어가 영국의 유럽연합 탈퇴 여부를 묻는 국민투표와 미국 대통령 선거 환경에서 많이 쓰였다"고 설명한 바 있다. – (사)송건호기념사업회가 매년 개최하는 송건호언론문화제에서 풀뿌리언론, 언론시민, 공익신고자를 호명한 것은 이 같은 시대상이 반영된 결과이기도 하다.

#4. 2023년 송건호언론문화제에 등장한 '언론 시민'은 비판적 신문읽기 활동을 한 옥천고등학교 방송부(OBS, 어비스)였다. 12명의 방송부원들은 <옥천신문>을

언론3주체,
언론문화제서 만나다

정독 후 좋은 기사를 골라 '이주의 옥천신문'으로 선정했다. 좋은 기사의 기준은 토론을 통해 결정했다. △독자의 삶과 밀접한 연관성 △독자의 이해 △균형잡인 취재 △충분한 당사자의 이야기 △내용에 대한 제목의 포괄성 △구체적 대안 △육하원칙에 따른 정보의 필요성 등의 엄격한 기준을 뒀다. 수동적 읽기가 아닌 다양한 각도에서 기사를 해석했는데 서로 간 시각차가 있을 때는 비평과 토론으로 결론에 다다랐다. 12명의 방송부원들은 기사가 어떤 부분에서 높은 평가를 받았는지, 아쉬웠다면 어떤 이유에서인지 명확하게 설명할 수 있었다. '개인의 신념과 정서에 부합한다는 이유로 참으로 여기는' 탈진실을 경계했다. 송건호 선생의 정신을 기리며 시상식으로 전환한 첫 해 '언론 시민'으로 비판적 신문 읽기 활동을 한 이들의 호명은 '탈진실의 시대'라는 시대상이 반영돼 있다.

후반전

#1. '기리다'. 사전적 정의는 '뛰어난 업적이나 바람직한 정신, 위대한 사람 따위를 칭찬하고 기억하다'이다. 옥천에는 그 정신을 기리고 계승해야 마땅할 인물이 상당히 존재한다. "역사 앞에 거짓된 글을 쓸 수 없다"는 말을 온생으로 실천한 송건호 선생을 포함해 동요 작곡가로 '어린이날'을 만드는 데 힘을 보태며 어린이 인권 신장에 앞섰고 여성 교육에 헌신한 교육자이기도 했던 정순철 선생, '한국 현대시의 아버지'라는 수식어로 모든 게 설명되는 정지용 선생까지 기릴 인물이 상당하다.

#2. 기린다는 것은 이들의 정신을 과거에 머무르게 하지 않고 현재로 불러와야 의미가 있다. 송건호 선생의 정신은 35년 전 옥천 주민들이 기꺼이 5천원~1만원(현재 가치로는 5만5천원~11만원으로 추정)을 내놓아 만든 <

2021년 12월24일옥천FM공동체라디오 개국식 모습. < 옥천신문 자료사진>

옥천신문>이 현재까지 저널리즘의 본질을 잃지 않고 지켜가면서 기리고 있다. (사)송건호기념사업회가 운영하는 <옥천FM공동체라디오>는 '공동체' 구성원이 공론장으로 나올 수 있는 접근성을 낮춰주면서 역시 그 정신을 이어가고 있다. 단순히 선생의 정신을 전시하는데 그치는 것이 아니라 시대의 정신과 송건호 선생의 유산을 버무려 '현재 진행형' 기림을 하고 있는 것이다. 날 잡아 진행하는 이벤트식 행사가 아니라 일상성을 가지고 삶 안에 자리 잡는 것으로 단연코 가장 높은 수준의 기림의 방식이라 확신하다.

#3. 매주 목요일 연습에 매진하고 있는 '정순철짝짜꿍어린이합창단'(옥천 어린이,청소년으로 구성) 그리고 매년 한 차례 치러지는 '옥천짝짜꿍 전국동요제' 역시 정순철 선생의 정신을 일상적으로 기리는 활동으로 볼 수 있다. 이 관점에서 보면 옥천이 정지용 선생을 기리는 방식

은 보다 진화할 필요가 있다. 옥천에서는 '지용의 후예'라 불리는 김성규 시인, 유병록 시인, 조수광 시인, 천재강 작가 등을 두고도 옥천 안에서 일상적 기림 활동을 만들어내지 못하고 있다. 삶 속에 녹아든 기림은 지역의 정체성을 높일 뿐만 아니라 개인의 자존감을 탄탄히 하는 방안이기도 하다. 서울로 향해야만 하는 열등감을 지역 어린이, 청소년에게 심어주는 것이 아니라 송건호 정신, 정순철 정신, 정지용 정신을 잇는 '주체'로 서 본 자부심은 어디서 무엇을 하건 그 정신을 이어가고 있는 기림의 연속선 상에 서 있을 것이다.

글
이현경

2장

뉴스의 가치

01

뉴스는 공짜가 아니다

"뉴스는 공짜가 아니다" 미디어 리터러시* 특강 등 기회가 있으면 강조하는 내용이다. 하지만, 현실은 어떠한가. 포털 사이트 몇 개만 접속해도 그 날의 사건사고는 물론 타인의 관심 뉴스까지 알 수 있는 세상이다. 아무런 값을 지불하지 않아도 말이다. 다큐멘터리 <소셜 딜레마*>는

※미디어 리터러시 : 다양한 매체를 이해할 수 있는 능력, 다양한 형태의 메시지에 접근해 메시지를 분석하고 평가하고 의사소통할 수 있는 능력

※<소셜 딜레마> : 중독과 '가짜 뉴스'에 시달리는 현대사회, 실리콘 밸리 전문가들이 용기 내어 경고한다. 자신들의 창조물, 소셜미디어를 주의하라고. / 다큐멘터리와 드라마를 결합한 영화 / 넷플릭스

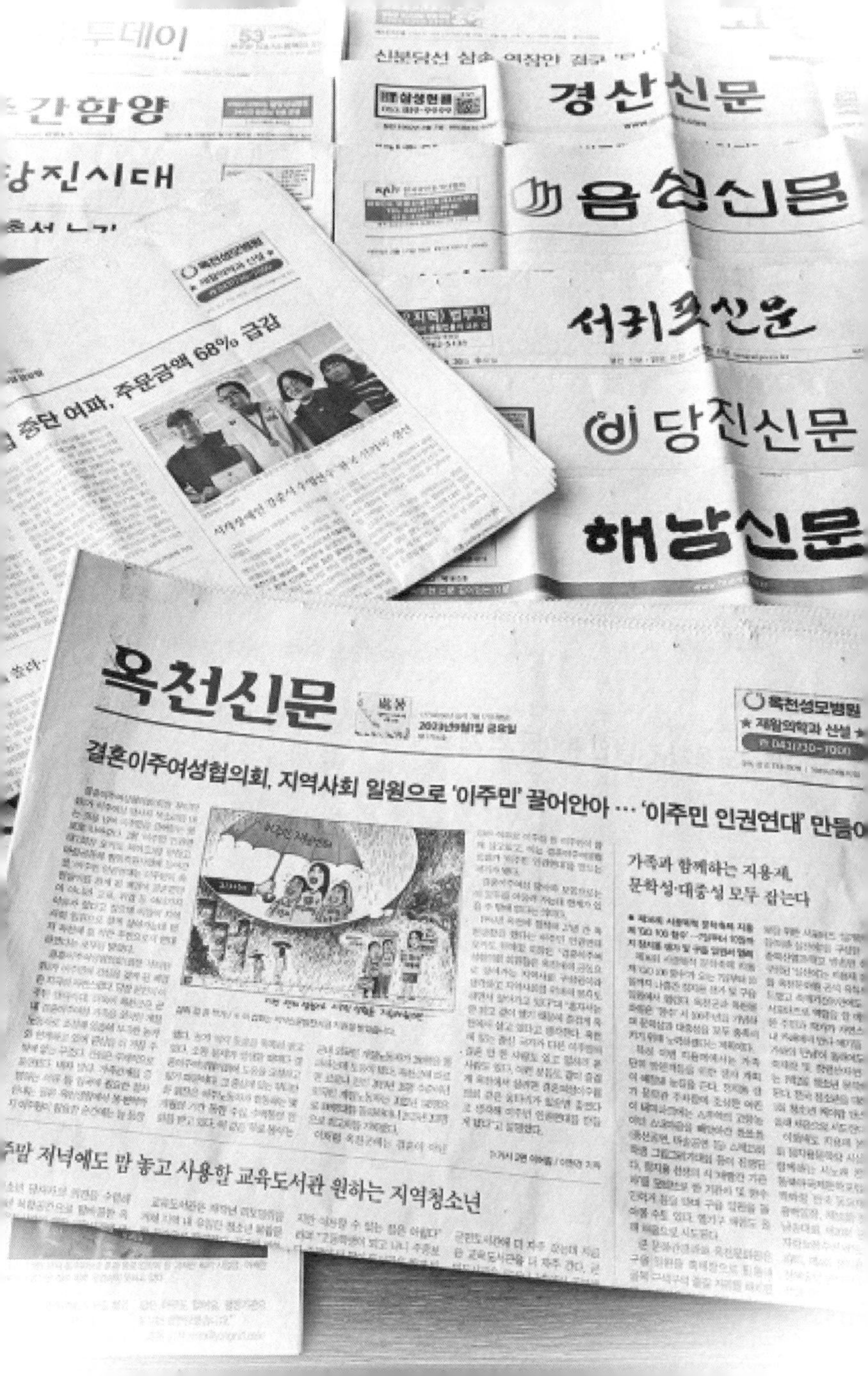

경산신문
음성신문
서귀포신문
당진신문
해남신문
주문금액 68% 급감
옥천신문
2023년9월1일 금요일
옥천성모병원
재활의학과 신설
결혼이주여성협의회, 지역사회 일원으로 '이주민' 끌어안아 … '이주민 인권연대' 만들어
가족과 함께하는 지용제,
문학성·대중성 모두 잡는다
주말 저녁에도 맘 놓고 사용할 교육도서관 원하는 지역청소년

이 같은 상황을 깔끔하게 한 문장으로 정리한다. “상품의 대가를 치르지 않는다면, 당신이 상품이다” 포털은 당신의 관심사를 수집해 당신의 소비를 예측한다. 포털은 광고주에게 당신(의 관심 정보)을 파는 것이다. 뉴스를 소비하지만, 뉴스를 구매한 것은 아니다. 그럼에도 뉴스는 공짜가 아니다.

첫 클릭이 중요하다. 첫 클릭을 유도하는 방법은 안타깝게 ‘나쁘다’. 자극적인 제목으로 시선을 끄는 것은 고전적인 방법이다. 제목뿐만 아니라 내용 역시 자극적일 가능성이 높다. [속보]와 [단독] 경쟁이 붙기도 한다. 정보의 깊이 보다는 정보의 속도가 클릭을 좌우한다. 분명한 것은 ‘좋은 뉴스’가 생산되는 구조가 아니다. ‘직거래’는 좋은 뉴스가 만들어지는 구조를 만든다. <옥천신문>은 그 대표적인 사례다. 월1만원, 한 부 2천500원은 <옥천신문>이 좋은 뉴스를 만드는 바탕이 된다. 홈페이지에 올라온 뉴스

역시 값을 지불해야 한다. 타 언론사와 달리 <옥천신문> 홈페이지에 올라온 뉴스는 구독자만 볼 수 있다. 독자 친화형 뉴스, 보도자료를 베낀 뉴스가 아닌 발로 뛰어 만든 뉴스, 타 언론에서는 볼 수 없는 지역 밀착형 뉴스는 구독자가 지불한 구독료에서 비롯된다. 광고주에게 관심사를 지불하는 것이 아닌, 뉴스를 제값 내고 보는 습관부터 바꿔내면 나쁜 뉴스가 만들어지는 판을 흔들 수 있다.

정부 소외계층 구독료 지원 사업으로 수십명의 옥천 주민이 <옥천신문>을 구독하고 있다. 대상자를 선정하는 과정이 1~3월 진행돼 소외계층이 신문을 받아보는 실질적인 기간은 4~12월 사이다. 몇 개월 가량 서비스 공백이 발생할 수밖에 없는데, 대상자 중에는 정보를 얻을 수 있는 유일한 창구가 <옥천신문>인 경우도 있어 난감한 상황이 자주 발생하고는 한다. 구독료 지원 사업 예산이 점점 줄어드는 것도 문제 아닌 문제다. 기초생활수급자를 증명

하는 서류를 신문사로 들고 와 신문을 구독할 수 있게 해달라는 요청이 종종 들어온다. 좋은 뉴스는 독자가 제값을 내야 만들어지는데, 구독료 부담을 이유로 필연적으로 발생할 수 밖에 없는 정보 소외계층의 존재는 언론사의 딜레마가 될 수 밖에 없다.

<옥천신문>이 지난해 처음 선보인 '뉴스레터 쏙(SO_OK)'은 이런 딜레마를 일부 해결해 보고자 시작했다. 모든 콘텐츠를 유료로 제공하는 <옥천신문>은 뉴스레터 역시 유료화를 결정했다. 다달이 발행하는 뉴스레터 가격은 월1만원이다. <옥천신문> 한 달 구독료와 같다. 쏙(구)독자가 지불한 돈은 고스란히 정보 소외계층에게 돌아간다. 소외계층이 <옥천신문>을 구독할 수 있도록 연결한 것이다. 쏙 독자의 기부로 <옥천신문>을 구독할 수 있게 된 정보 소외계층을 '짝꿍 독자'라 부른다. 쏙 독자와 짝꿍 독자는 뉴스레터 쏙(SO_OK)을 통해 연결돼 있다.

SO쏙OK
<옥천신문>이 만드는 뉴스레터
SO_OK (월간 쏙) 쏙독자를 모십니다.
독자의 바람과 기대 속에서 <옥천신문>은 뉴스레터 < SO_OK >(월간 쏙)을 만듭니다.
쏙독자는 지역 내 정보 불평등 해소에 기여하는 해결사 입니다.

쏙(SO_OK)을 만들면서 소외계층 구독료 지원 그 이상의 고민을 녹여냈다. 무엇으로 쏙(SO_OK)을 채울 것인지가 두 번째 고민이다. <옥천신문>은 옥천에 특화된 뉴스를 생산한다. 이 말인즉슨 옥천 밖 독자가 <옥천신문>을 볼 때 어려움을 겪을 수 있다는 이야기다. 쏙(SO_OK)은 옥천 밖 독자가 농촌을, 지역을 이해할 수 있는 보편적 의제를 엮어내려 했다. <옥천신문>은 2023년 2월3일자 '대민 서비스 기관 청성파출소, 주민도 몰래 통합 움직임' 기사를 냈다. 청성·청산파출소 정원 16명을 9명으로 줄이는 통합안이 구체적으로 논의되고 있지만 당장 치안 서비스를 제공받는 주민은 이 사실을 전혀 모르고 있었다. <옥천신문>은 2월10일자로 '청성·청산 파출소 통합 안 한다, 파출소 인력은 각각 2명씩 줄어' 보도를 했다. 그즈음 <옥천신문>을 방문했던 견학팀은 "이 소식은 옥천에서만 벌어지는 것이 아니다. 내가 살고있는 지역명을 가져다 붙여도 전혀 이상할 것이 없다"고 평가했다. 농촌 지역이 공통으로 겪고 있는 일들을 쏙(SO_OK)을 통해 의제화하는 작업을 하고 있다. 옥천 밖 독자에게도 꼭 필요한 의제를 쏙(SO_OK)을 통해 만들어 가고 있다.

쏙(SO_OK)! 한 번 들었을 때 머리에 쏙! 박히는 그런 이름을 바랐다. 입에 쏙! 들어오는 말이길 바랐다. 그간 신문사에서 파생돼 만든 콘텐츠(혹은 시민기자단)는 '옥(OK)'자를 살려 작명했기에 이번에도 '옥(OK)'을 활용했다. "SO, OK!", "그래서, 옥천"은 이렇게 탄생했다. '쏙(SO_OK)'을 짓는 대는 대략 반의 반나절이 걸렸다. A4 용지 두 페이지를 빼곡하게 낙서한 끝에 쏙이 나왔다. 쏙을 짓고 나니 코너명은 술술 풀렸다. [쏙:스러운 이야기], [쏙:닥 쏙닥], [쏙:만남], [쏙:마음], [쏙:컷]은 순식간에 작명했다. '쏙:상한', '쏙:시끄러운', '쏙:된말' 등 코너가 되지 못한 수 많은 말,말,말들도 있었다. 독자들의 마음에 '쏙드는' 뉴스레터 쏙(SO_OK)을 만들어 가는 게 목표다.

덧. 사회적으로 합의된 '가짜 뉴스'의 정의는 아직 없다. △**정치, 경제적 이익을 위해 의도적으로 언론 보도의 형식을 하고 유포된 '거짓 정보'**를 말하기도 하고, △**언론사의 오보** △**인터넷 루머** 등을 일컫기도 한다. 언론사의 오보는 오보라 부르는 것이 맞고, 근거 없이 떠도는 소문은 루머라 부르는 것이 맞다. 다른 둘을 같은 이름으로 부르는 것은 옳지 않다. 뉴스를 생산하고 수용하는 관계는 신뢰를 바탕으로 한다. 정기적으로 뉴스 신뢰도를 조사하고 발표하는 이유다. '뉴스'라는 단어 앞에 '가짜(거짓을 참인 것처럼 꾸민 것)'라는 말이 놓인 순간 뉴스 자체에 대한 신뢰도가 떨어질 수 밖에 없고 이는 언론사 전체를 위기로 몰았다. 너무나 쉽게 '언론 혐오'를 이야기 하는 현실은 '가짜 뉴스'라는 언어의 힘이 강력하게 작용한 측면도 있다. 현역 기자는 보도로 비판받은 누군가의 반박을 통해 "가짜 뉴스"라는 말을 가장 많이 듣는다. 언론의 비판 대상이 되는 이는 대개 공무를 하는 이들이 많다. '가짜 뉴스'라는 말이 얼마나 오염이 됐는지 궁금하면, 이 말로써 책임을 회피하고자 하는 이들이 이 말을 어떻게 활용하고 있는지 살펴보면 된다.

글
이현경

02

종이신문 시대가 갔다고 하지만

"여보세요. 옥천신문이죠. 저 구독하고 있는데요. 하나만 부탁해도 될까요? 지면에 로또 당첨번호 좀 실어줄 수 있나요?" 세월이 잔뜩 묻어난 목소리 일흔에서 여든 사이 넘는 그런 음성이었다. 안내면 답양리에 사신다고 했다. 답양리면 가산 고개를 넘어야만 당도할 수 있는 오지 중의 오지였다. 고개가 가파르고 구불구불해 눈이 오면 가지 못하는 그런 마을. 그런데 가만히 생각해보니 로또 당첨번호는 토요일 TV에서 발표되고, 옥천신문은 금요일 발행이 되는데 한 주나 늦게 당첨번호를 받아보는 것이었다. 그런데 이게 왜 필요하실까? 지면에 담아낼 필요가 있을까. 불현듯 여러 고민이 교차하던 그쯤에 예기치 못한 곳에서 '현타'가 왔다. 어르신 집에는 인터넷이 설치되어 있지 않으셨을 터이고 스마트폰이 없을 터이며 그러면 공중파 TV 방송을 놓치게 되면 로또 당첨번호를 알 길이 없는 것이다. 오로지 바깥세상과 쌍방향으로 교통할 수 있는 매체는 '옥천신문'뿐인 것을 단박에 알아챘다. 그래서 말씀드렸다. "네 어르신 그렇게 할게요. 한 주가 지나도 그 로또당첨번호가 필요한 것이지요? 그럼요. 실어드려야죠." 어르신은 고마워했다.

그런 오류와 착각에 빠지곤 산다. 인터넷은 어디에도 되니까 누구라도 하니까 스마트폰은 누구라도 쓰니까 어디에도 있으니까. 당연히 포털 창에 검색하면 다 나오는 것을 굳이 종이 신문을 통해 그것도 한주 늦게 보는 게 무슨 의미야. 여전히 인의 장막에 갇혀 있으면 그들만의 세상에 갇혀 있으면 잘 모른다. 성 밖의 사람들이 장막 바깥의 사람들이 어떻게 사는지 관심조차 없다. 그리고 관심이 적어질수록 감수성이 옅어져 간다. 느끼지 못하는 것이다. 그들의 상황을, 불편함을, 고통을 알지 못하는 것이다. 알지 못하니까 느끼지 못한다. 감수성이 없어진다. 딴 나라 세상 이야기 같고 몇몇 소수의 이야기로 인지하기 쉽다. 그래서 물리적인 성벽은 없고 명시된 계급은 없지만 명확히 구분되는 지점은 분명 있다. 모른 체 사는 것이다. 모르는 것이 마음 편하니까. 알면 시혜와 동정 한 스푼을 떨구면 그만이다. 그래 그런 사람도 있지. 하지만, 그들은 소수가 아니다. 찾아보면 다수이다. 드러나지 않을 뿐, 숨죽여 살도록 강요받을 뿐, 필요할 때만 꺼내 쓸 뿐. 인터넷은커녕, 글자도 모르는 사람도 생각보다 훨씬 많다. 그래서 자기 이름으로 된 통장 하나 없이 농협과 관공서 가기 꺼려지는 노인들도 수두룩 하게 많다. 모른다고 없는 게 아니다. 분명히 존재하는데 지워 버리고 있는 것이다.

매주 신문을 사러 신문사에 들르는 사람들이 제법 많

송건호
옥천신문

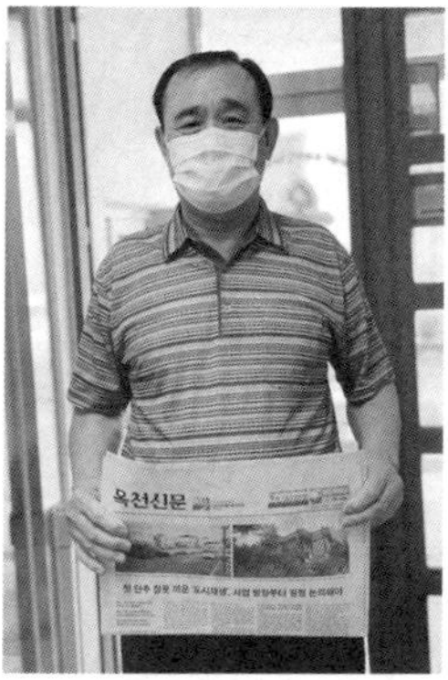
옥천신문

옥천신문

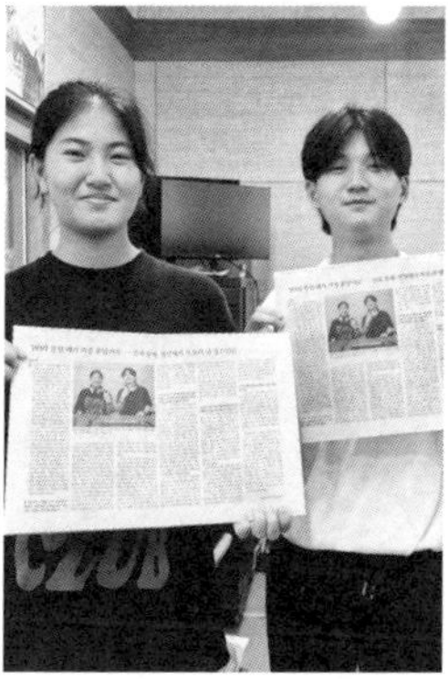

옥천신문

다. 월 1만원 구독을 하면 우편으로 착착 알아서 배달을 할 텐데. 한 부에 2천500원씩을 내고 신문을 사가는 분이 있다. 장터를 보는 분들이 대부분이다. 구인, 구직, 월세, 전세에 눈길을 가면서 장터 지면을 쭉 훑어보신다. 그 지면 같은 경우 인터넷으로 무료로 열람이 가능하지만, 꼭 와서 돈을 내고 사보신다. 인터넷 접근이 여의치 않은 사람들이다. 컴퓨터가 있다고 해도 켤 줄도 모르고, 인터넷이 연결이 되어 있지 않으며 대부분 컴퓨터가 없는 사람들이다. 인터넷 비용 그 얼마나 된다고 금방 배우면 딴 세상이 열리는데 라고 말하기 쉽지 않다. 친절하게 가르쳐줄 사람들도 없거니와 거기까지 이끌어줄 사회 서비스도 많지 않다. 신문사까지 버스를 타고 와서 신문값을 치르고 신문을 사 보는 데는 나름의 이유가 있는 것이다. 누구한테 아쉬운 소리 하지 않고 자존심을 지켜가며 정보를 얻는 유일한 방법일 수 있다. 구독료도 못 내는 이들은 다행히 지역신문발전위원회에서 일부 구독료를 지원하고 나머지는 신문사가 지원하기 때문에 무료로 받아볼 수 있다. 정보 빈곤층인 이들에게 신문은 정말 양질의 자원이다. 한 번이라도 안 오면 득달같이 전화오고 저기 신문을 안 보는 것 같으니 우리 집으로 대신 넣어달라는 전화도 온다.

종이신문 시대는 이제 갔다고 한다. 스마트폰을 열면 실시간 속보로 빠르게 소식들이 오가는데 여러 공정을 거치면서 느리게 배달되는 종이신문의 쓸모는 당최 어디에 있는 것인가. 시대에 한참 뒤떨어진 종이신문을 부여잡고 있는 이들은 현실감각이 한참 떨어지는 거 아닌가. 박물관이나 있을 법한 종이신문을 당최 누가 본다는 말인가. 옥천신문은 그래도 유가 부수가 2천500부에 달한다. 이는 옥천군 가구 수를 고려해볼 때 10%에 육박하는 수치다. SNS가 일상이 된 시대에, 뉴스가 공짜로 널려 있는 시대에, 월 1만원을 내고 종이신문을 구독하여 보는 사람들은 도대체 어떤 사람들일까. 그리고 어찌 보면 불편한 플랫폼일 수 있는 100% 유료구독자만 볼 수 있는 그런 플

랫폼을 운영하는 신문사는 도대체 어떤 신문사일까. 사실 과정이야 지난하다. 인터넷 신문이야 홈페이지에 사진 첨부하고 기사 올리면 끝이지만, 종이신문은 프로그램으로 사진과 기사를 일일이 편집해야 하고 인쇄소로 넘긴 후에 인쇄가 다 되면 다시 신문사로 가져오고 그 신문을 시니어클럽 할머니 10명과 고등학생 두 명이 힘을 합쳐 3시간 이내로 다 포장을 끝내고 난 후에 다시 오키밴에 싣고 우체국에 가져다주는 번거로운 과정을 거친다. 인력이 상당히 많이 투여되고 비용도 그만큼 많이 든다. 또 우체국에서 분류하여 배달하는 그 시간도 솔찬히 든다. 소식이 상대적으로 느릴 수밖에 없다. 그러나 사람들은 느린 신문을 애타게 기다린다. 금요일만 되면 신문이 아직 도착하지 않았다는 전화가 쇄도한다. 그런 반응은 반반일 것이다. 인터넷을 볼 수 없는 환경에서 옥천신문만이 옥천 소식을 전달해주는 유일한 매체이기 때문에 기다리는 것이고 또 하나는 인터넷이 되고 스마트폰으로 뉴스를 소비할 수 있

는 환경에서 포털과 SNS를 눈 뒤집어 찾아봐도 제대로 된 옥천 소식을 볼 수 없기 때문에 기다리는 것이다.

느리게 배달되는 신문이지만, 한 주 동안 소비된다. 대판 16면(혹은 20면)에 옥천 곳곳의 소식을 꽉 끌어다 채운 콘텐츠는 일주일 내 읽어도 다 못 읽는다. 빨간 줄을 쳐가면서 아는 사람 나오면 찍어서 알려주고, 이래저래 지역 소식을 건강하게 유통 시킨다. 그러면서 광고가 자연스레 따라온다. 구독이 받쳐주니까 여론이 형성되니까 그리고 한두마디씩 "옥천신문에 나온 그거봤어." 이 한마디에 매체의 신뢰도는 깊어지고 영향력은 넓어진다. 디지털은 이미 옛날 말이다. 그것을 넘어서는 것들이 하루가 다르게 나오고 있다. 화질이 어떻다저떻다, OTT 서비스들이 어떻다저떻다, 천지가 요동치도록 '기술개발', '다른 세상'을 귀가 따갑도록 외치고 있지만, 그게 무슨 소용인가 싶다. 신문이 구문이 되어도 그런 소식조차 받지 못하는 사람들이 수두룩하다. 세상은 그렇지만 '열사람의 한 걸음'이 아니라 '한 사람의 열 걸음'으로 뚜벅뚜벅 가고 있다. 빨리 가서 성과도 내고 싶고 새로운 세상도 보고 싶은 갈망, 내 창의성을 맘껏 뽐내고 싶고 그로 인해 바뀌어지는 세상을 보고 싶고 돈도 많이 벌고 싶은 게 욕망이라 그렇게 변해간다. 그런데 뒤쳐지는 사람들, 선 밖으로 밀려나는 사람들이 생각보다 많다. 새로운 스마트폰, 새로운 화질의 티비에 열광할 때 글을 몰라 신문도 언감생심 볼 수 없는 사람들도 많다. 문해 교육에는 상대적으로 관심이 적다. 복지의 한 귀퉁이에 자리 잡을 뿐이다. TV가 나오니까 음성으로 들어도 되니까 과연 상관없을까. 읽고 쓰는 것이 여전히 중요한 세상에서 그것이 과연 아무렇지 않은 것일까. 빠르게 가다 보니 무엇이 중요한 것인지 놓치고 만다. 다 끌고 갈 수는 없고 뒤쳐지는 사람은 어쩔 수 없이 놓고 간다는 이야기를 아무렇지 않게 하곤한다. 대를 위해 소를 희생해야 한다고. 무엇이 대이고 무엇이 소란 말일까. 누구의 희생을 필요로 하는 것일까.

매체도 자본주의 체제 안에서 돈이 되는 쪽으로 진화하게 되어 있다. 돈 되는 것이 아무래도 지속가능하고 확장 가능하니까. 살아남을 수 있으니까. 돈이 나오는 곳이 블랙홀로 작동한다. 구독료는 일천하고 뭉텅이로 들어오는 광고료가 크니까 광고료에 쏠리게 되어 있고 기타 수익사업 등이 한꺼번에 돈이 들어오니까 감질나는 구독료는 성에 안 찰 것이다. 이미 여러신문들이 구독은 하면 할수록 손해인 구조이다. 그 정도 두께의 종이신문을 내면서 구독료는 단가에도 못 미칠 것이다. 그렇지만 왕창 종이신문을 여전히 찍어내는 이유는 광고 시장 때문이다. 광고료 비중이 8-90% 가량 되니 광고를 위해 찍어내는 것과 별반 다르지 않다. 이런 가운데 옥천신문은 광고도 잘 붙는 신문은 아니지만, 그나마 재정 비율의 절반 가량이 구독료다. 참 특이한 신문임에는 틀림없다. 사람들이 한 푼 한

푼 매달 내는 구독료로 봐주니까 신문이 버티고 있는 거다. 이런 재정구조이기 때문에 어려운 살림살이에도 광고주 등 자본가나 권력에 아쉬운 말 할 것 없이 언론 본연의 역할을 수행하면 되는 것이다. 뉴미디어의 이야기는 정말 엄청 나온다. 이리 쏠리듯 저리 쏠리듯 명멸하는 매체는 정말 많을 것이다. 휩쓸리지 말고 기본을 지켰으면 좋겠다. 시대에 뒤떨어지는 것이 아니라 함께 가는 것이다. 뒤쳐지는 것이 아니라 모두와 같이 가려는 것이다. 저널리즘의 원칙이 어디에 있는지, 우리는 무엇을 위해 언론을 하는지 말이다. 종이신문은 죽지 않는다. 사라지지도 않을 것이다. 라면 깔개로도 쓰이고 농산물 말릴 때도 쓰이고 음식 덮을 때도, 포장하는 할머니들의 일자리로, 폐지 줍는 노인들의 일거리로 요긴하게 쓰일 것이다. 아니 죽지 않아야 하며 사라지지 말아야 한다. 이 땅의 소외계층이 남아있고 성 밖의 사람들이 남아있는 한 말이다.

글
황민호

03

알콩달콩 이야기만 전달할 수 없다

알콩달콩한 이야기만 전달할 수는 없다. 아름답고 선한 이야기만 할 수는 없다. 좋은 생각만 한다고 세상이 좋게 변하는 것이 아니듯이 말이다. 현실을 있는 그대로 거울처럼 비춰야 내 삶에 녹아든 거품을 걷어낼 수 있고 현재 위치를 재정립하고 성찰이란 기능이 작동될 수 있다. 좋은 게 좋은 거지 하면서 그냥 생략하려 할 때 비극은 잉태되고 파국은 바로 저 너머에서 기다리고 있다. 언론의 기능이란 본시 그런 것이다. 비판의 기능이 고장나고 감시의 역할이 상실됐을 때 본능적으로 넘쳐나는 권력과 자본의 부조리와 부패는 스미고 번지듯 양산될 것이다.

지역에서 언론을 한다는 것은 더 많은 윤리성과 고민이 요구된다. 삶이 맞부딪치는 현장이기 때문이다. 더욱이 시골 농촌에서 기자 생활을 한다는 것은 정말 많은 정신적 스트레스를 수반한다. 지역 출신이라 함은 이루 말할 수 없을 것이다. 지연, 혈연, 학연과 무관하게 누구를 비판한다는 것은 그리고 얼마 되지 않은 인구와 좁은 생활권에서 하루에도 몇 번씩 마주치는 사람들을 비판한다는 것은 사실 스스로의 관계를 갉아먹고 정서적 타격을 입히는 일이다. 때론 내 이웃이, 같은 동호회를 하는 사람들이, 내 아이의 친구 아빠와 엄마가 비판의 대상에 오르기도 한다. 비판 기사를 쓰면 관계는 서먹해지고 어색해지는 것을 넘어서 끊어진다. 나뿐만 아니라 가족의 관계에도 영향을 미친다는 것이 사실 큰 부담이다. 익명성이 남아있는 도시와는 달리 사실 시골 농촌에 산다는 것은 투명한 유리 상자에 사는 것과 같다. 내 삶이 노출되며 관계망 속에서 회자된다.

지역 출신이 아니더라도 지역에서 5년 이상 살면 관계가 만들어지고 그 관계가 깊어지면 깊어질수록 자유로워지기 힘들다. 만나는 사람이 누구냐에 따라 다른 정보들이 들어오고 어떤 정보가 장착되느냐에 따라 기사의 방향이 달라진다. 돈 많고 힘 있는 사람들하고 친해지기 시작하면 그들의 논리를 내재화되기 쉽고, 질끈 눈 감고 하나둘 넘겨버리다 보면 사실 그것은 언론이 아니게 될 것이다. 그래서 늘 긴장감을 유지하는 것은 중요하다. 불가근불가원(不可近不可遠), 너무 가깝지도 너무 멀지도 않게 그 특유의 긴장 관계를 유지하는 것은 사실 힘이 드는 문제이기도 하다. 하지만, 스스로를 보호하는 장치이기도 하다. 여러 번 비판 기사를 쓰고 삶의 관계가 어그러지는 것을 경험하면 스스로의 보호막을 작동하기 시작한다.

사람 섬기기를
하늘과 같이

최시형 선생님 말씀
김성장 붓

보수적인 어떤 틀에서 각을 세워 이야기하기는 어렵다. 옥천신문이 도매금으로 비난받을 여지가 농후하기 때문이다. 이런 기사가 외부에 알려져 외화되기 시작했을 때는 더 많은 비난에 직면하고는 한다. 옥천 출신도 아닌 사람들이 기자가 돼서 옥천 망신을 시키고 있다는 이 말이 평소 옥천신문에 불만을 가진 사람들에게는 급속도로 확산된다. 지역일수록 어떤 피해의식이 사실 작동하고 그것이 지역 안에서 해결되지 못하고 외화되며 외부 세력에 의해 감 놔라 배 놔라 할 상황이 되면 극한 반응이 사실 발견되곤 한다. 우리 일은 우리끼리 해결하려는데 왜 네들이 뭐라 그러느냐는 프레임으로 접근하기 시작하면 내부 논리와 결속력이 연동되며 또 먹히고는 한다. 이것은 지역을 또한 갉아먹는 지점이기도 하다.

시대가 변하고 프레임도 달라지고 있다. 20년 전 옥천신문은 지역 학교에서 서울대를 간 학생을 별도로 인터뷰 해줬다면 그 이후에는 고등학교 입구에 서울대 펼침막을 건 것 자체를 인권침해 사례로 문제 삼아 보도했다. 물론 서울대 인터뷰는 없어졌다. 당시 서울대에 자녀를 보낸 학부모가 신문사에 찾아와서 왜 우리 아이를 욕보이게 하느냐며 신문을 박박 찢었던 기억이 생생하게 기억한다. 비판을 별로 받아보지 않은 사람들은 저항이 극렬하다. 주로 돈 많고 힘 있는 사람들이다. 그리고 배운 사람들이다. 그리고 이들은 인적 네트워크가 누구보다 화려하고 많다. 그래서 옥천신문을 욕하는 목소리는 급속도로 확장된다. 여론을 조성하고 또 신문을 끊거나 광고를 해지하는 물리적 행사를 하는 것은 사실 일상다반사다. 신문이 나오는 금요일에 욕지거리를 듣는 것은 일상이 되어 있다.

지역이 좁고 사람이 많지 않다 보니 슈퍼마켓에 갈 때도 식당에 갈 때도 쓰레기 분리수거를 할 때도 공무원도 수시로 만나고, 지방의원이나 지자체장, 그리고 관변단체 회장도 많이 본다. 분리와 격리되지 않고 삶의 현장 속에서 만나고 이야기를 나눌 수 있다는 것은 직접 민주주의의 중요한 단초이고 장점이기도 하지만 늘 비판하는 입장에서는 껄끄럽고 불편할 수 있다. 그리고 싫어한다는 눈빛은 워낙 강렬하여 뚫고도 남는다. 신문을 비판하는 논리는 거의 유사하다. 이렇게 크게 다룰 사안이었는가. 왜 대안 없이 비판을 하는가? 왜 옥천 망신을 시키는가. 어떻게 책임지고 누가 수습을 할 것인가? 그리고 이것 말고도 얼마나 문제가 많은데 왜 이것만 보도하는가? 이 보도로 인한 명예훼손과 피해를 받는 이들을 생각하지 않는가?

옥천신문 청소년 기자단은 그래서 현재 교육에서 실종된 비판적 사고를 가르친다. 이것이 미디어 리터러시의 가장 기본 중의 기본이라고 생각한다. 잘못되었다고 생각하는 것은 수다나 뒷담화로 풀지 않고 공적인 목소리를 내면서 시민으로서 자리매김하는 연습과 노력을 하는 셈이다. 글을 어떻게 풀어쓰는가도 중요하지만, 사안을 어떻게 바라보고 있는가도 훨씬 중요하다. 그런데 비판 기사를 쓰면 학교에서 일단 난리가 나고 이차로 학부모들이 그거 당장 끊으라고 하는 사례도 종종 있다. 어렸을 때부터 기사를 쓰면서 표현의 자유와 언론 탄압을 몸소 겪고 심각한 타격을 입기도 한다. 뭐 이런 식이다. 앞선 논리와 비슷하다. '왜 학교 일을 학교에서 해결하지 않고 왜 기사를 통해 써서 학교 망신을 주냐', '상의하지 않고 이렇게 기사를 쓰는 것은 친구들과 학교에 문제가 될 수 있다'는 식으로 학생들을 겁박한다.

야간자율학습을 강제하는 고등학교 교사의 강압적인 고시문, 거의 겁박에 가까운 고시문을 보고 학부모와 학생들이 놀라서 신문사에 제보를 많이 했다. 아무리 그래도 이건 아니지 않느냐는 하소연과 분개에 찬 목소리들이 많이 들렸다. 이것을 기사화했고 기사화한 이후에 또한 항의 전화도 많이 받았다. '지역 고등학교 명문고로 키워야 하지 않느냐', '이렇게 학교 망신 시키면 수습하고 다시 재기하기 힘들다', '다니는 학생들은 뭔 죄냐. 비판을 키워서 학생들 좋은 대학 못 가면 옥천신문이 대신 책임질거냐', 뭐 이런 말들. 한치도 비켜가지 않는 동일한 레퍼토리다. 이렇게 말하는 것을 전혀 이해하지 못하는 것은 아니다. 그렇게 말할 수 있다. 생각의 다양성과 각자 서 있는 위치와 생각하는 지점들이 다를 수 있으니 말이다. 옛날에는 목소리를 높여 같이 맞대응하는 일이 많았으나 요즘에는 항의 전화를 받으면 조용히 들어주고 있다.

그런데 기사가 난 후 여론광장에 올라온 청소년기자단 운운하면서 이들이 제보한 것 아니냐는 뉘앙스, 마치 프락치를 심어놓고 학교 비판 거리를 찾는다는 이런 방식의 비판은 용납하기 힘들다. 진실은 누군가에게는 불편한 일이다. 그는 또 이렇게 썼다. 필명도 무려 '진실'이다. '직접 기자가 들어가 본 것도 취재한 것도 아닌데 외부로 누구에 의하여 어떻게 전파된 것인지 모르겠지만(혹 청소년

기자단?) 학교를 선생님을 징계하라는 취지의 기사와 외부 지역의 이름도 모르는 단체의 의견으로 과격하게 옥천의 학교와 교육현장을 무너트리려는 이런 기사는 절대적으로 지양해야 한다고 본다', '떨어진 학업력 상승시키자고 옥천군에서도 학교 교육 현장에서도 큰 성찰의 파도가 일어나고 있는 요즘인데 학교 야간자율학습에 옥천신문은 여기 분들이 아니라 너무 부정적인 것 아닌가요?', '이젠 험악하게 보도되는 내용의 폄 옥천교육, 학교 기사로 인하여 옥천교육의 발전과 이미지가 이제 그만 훼손되지 않도록 어떤 대책을, 행동을 권고들을 보여주셔야 할 시점인 것 같은데' 이런 글이 나오는 것도 사실 예상되는 부분이었지만 마음이 아팠다.

그럼에도 이 글에 많은 댓글이 달렸다. '옥천에서 초중고를 다 나왔습니다. 고등학교를 다닐 때 자율이라는 말로 강제하는 타율학습에 대해 납득할 수 없었습니다. 학생

입장에서 야간타율학습시간은 강제로 붙잡힌 시간이었습니다. 학생의 인권을 보장하지 않는 교육이 어떻게 제대로 된 교육이라고 생각하시는지 오히려 작성자분께 묻고 싶습니다', '아직도 이런 생각을 하는 어른들이, 그 생각을 아무렇지 않게 공개된 곳에 이야기를 하기 때문에 저런 일이 아직도 생겨나는 겁니다. 설사 저렇게 자율학습을 하면 애들 성적이 올라가나요? 애들 성적이 올라가더라도 그렇게 오른 성적이 아이들의 자율성과 인생에 얼마나 영향을 끼칠까요? 교사는 성적을 올리는 사람이 아닙니다. 세상엔 다양한 사람들이 있고 다양한 가치가 있다는 것을 가르쳐 주는 사람이지요. 혁신학교 왜 합니까? 줄 세워서 서울대 보내는 게 최고라는 사람들만 모여 있었으면 혁신학교 왜 필요한가요? 기숙형 입시 학원을 만드시죠. 차라리' 이런 댓글들의 힘이 옥천신문을 가능케 한다.

글
황민호

04

풀뿌리 언론과 커뮤니티저널리즘이란 무엇인가

보통 지역신문이라 하면 광역단위보다 시군단위 지역이 조금 더 원형질이라 할 수 있다. 광역에는 일간신문이 있는데 주로 도청이나 광역시청이 있는 거점도시 소식을 주로 다루고 각 시군에 주재기자를 파견하여 그냥 기사들을 추수한다. 구색을 맞추고 일간형식으로 발행하는데 다른 시도는 모르겠지만, 충청도에서는 거의 구독을 하지 않는다. 관공서 아니면 돈을 주고 사보지 않는다는 것이다. 이는 네이버 뉴스 검색을 해봐서도 알겠지만, 네이버나 구글, 다음에 '옥천'을 치고 뉴스 검색을 해보면 똑같은 뉴스들이 줄 나래비로 10여개씩 매체 이름과 기자이름을 달리 한 채 묶음으로 나온다. 100% 관공서 보도 자료라고 보면 된다.

군 홍보팀 보도자료 담당이 각 부서의 일을 취합해 매일 3-4개씩 보도 자료를 생산하면 제목과 리드, 문장만 약간 다듬어 본인 이름으로 출고한다. 얼마나 편한 직업이냐. 지금도 당장 확인할 수 있다. 군청에서 보내는 보도 자료와 거의 흡사하다고 보면 된다. 지역주간신문은 주재기자실에 안 들어간다. 거기에도 급이 있다고 생각하는 건지 주재기자실의 기자 대장이 들어오는 것을 심사한다. 옥천신문은 안 들어가고 기자실의 폐해를 여러 차례 지면으로 지적한 바 있다.

보통 풀뿌리 신문이라고 통칭하는 것은 지역 주간신문이 보편적이다. 여러 가지 재정과 인력상황 때문에 지면으로 못 내보내고 인터넷으로 운영하는 신문사도 있고 격주간, 혹은 한달에 한번 지면 신문이 나오는 곳이 있다. 지역 주간지와 지역 일간지와는 지역을 대하는 방식이 정서적으로 다르다. 일간지는 대상화하여 멀리서 조망하는 방식을 취한다면 주간지는 그 속에 사는 사람으로서 조금 더 지역주민과 밀착된 취재가 가능하다. 물론 주간지 중에도 사이비 신문이 즐비하다. 언론사 간판 걸어놓고 정치놀음하려고 하는 신문도 참 많다. 우후죽순 사이비신문이 창궐하는 지역보다 차라리 없는 게 나을 수도 있다. 말과 글을 왜곡하는 것은 민심을 어지럽히는 것과 다름이 없기 때문이다.

지역은 과잉과 결핍으로 고통 받는다. 어떤 곳은 사이비신문의 범람으로, 어떤 곳은 지역신문이 하나도 없어 언론의 사막화로 권력이 전횡을 휘두르면서 힘들다. 지역신문은 취재기자 하나하나가 일당백이고 힘이다. 보통 옥천, 보은, 영동군 세 지역을 연합뉴스 기자 하나가 커버한다. 그런데 옥천 한 지역을 옥천신문 기자 8명이 커버한다. 연합뉴스 기자가 아무리 용빼는 재주가 있다 하더라도 따라올 수가 없다. 저인망으로 쫙 기사를 아래로부터 훑기 때문에 기사의 깊이가 다를 수 밖에 없다. 지역신문의 재정 형편이 나아지면 취재인력을 하나씩 늘려가는 것이 살길이다. 만나는 사람과 커버하는 지역이 달라지고 이는 뉴스의 질에 단박에 영향을 미친다. 다다익선이다. 주재기자들은 정보를 알고도 못 쓰는 기자들을 옥천신문은 쓴다. 비교적 이해관계에서 자유롭기 때문이다. 옥천신문은 일부러 옥천 출신 기자를 안 뽑는 게 아니지만, 기자 구성을 보면 전국 팔도에서 다 올라왔다. 혈연, 학연, 지연에서 그나마 자유롭다. 만일 내가 옥천에서 태어나고 자랐다고 한다면 기자생활하기 정말 힘들었을 것이다. 아버지 친구, 학교 선배, 지역 선배 등의 청탁과 등쌀에 내가 과연 기자직을 유지할 수 있을까 하는 생각을 하면 벌써부터 아득하다. 지역출신이면서 정론직필을 하는 기자들에게는 경의를 표하고 싶다.

기초 시군단위 지역신문은 일간은 무리이고 주간이 딱 적당하다. 격주간은 너무 멀고 월간은 잡지의 영역에 들어선다. 적어도 주간은 나와야 한다. 기자 2명이면 대판 8p도 사실 버겁고 취재기자 3명이면 12p도 만들기 힘들다. 물론 더 많은 기자들이 밀도있게 신문을 만들 수도 있다.

하지만, 독자들은 신문의 질 못지 않게 페이지 수, 크기 등 양의 측면에서 구독료에 대한 효능감을 느끼기도 한다. 물론 가장 중요한 것은 콘텐츠의 질이다. 적절하게 타협을 해야 한다. 지역신문은 운동적 성격이 강하지만, 시장에서 또한 지속가능하게 살아남아야 하기 때문에 생존은 중요하다. 기자들 월급도 제대로 못 주고 신문을 만든다는 것은 참으로 못할 짓이다. 지혜롭게 시장에서 살아남아야 한다. 구독과 광고의 선순환이 이어져야 하는데 이 선순환이 제대로 자리잡을 때까지 시간이 꽤 걸린다. 초심은 아름다웠지만, 재정에 허덕이면서 변질되는 신문이 많이 생기는 것은 이 때문이다. 당장 떳거리도 안 생기는데 기자들한테 헌신을 강요할 수는 없는 노릇이다. 구독료는 찔금찔금 나오니 비교적 덩어리가 큰 광고에 신경을 쓰게 되어있고 기자한테 광고를 해오라고 하는 순간 이 신문은 사망선고에 직면해 있음을 알아야 한다.

구독 그래프를 그린다거나 창간기념일에 광고 수주를 기자한테 떠미는 신문사는 망조가 들린 것이다. 그런 신문사는 오래가지 못한다. 오래 가더라도 지역에 그저 그런 신문으로 생명연장만 길게 할 뿐이다.

대상화한다는 것은 안에서 바깥을 보는 거다. 안에서 바깥은 주로 창을 통해 본다. 언론을 세상을 보는 '창'이라고 말하는 것은 바깥풍경을 보여주기 때문이다. 창이 얼룩지면 잘 안 보이고 굴절되면 왜곡되어 보인다. 있는 그대로 보여주는 창의 역할이 중요한 이유이다. 잘 안 보이는 것은 닦아서 보면 되지만, 애시당초 굴절된 유리가 끼어져 있으면 창 유리를 갈아야 온전히 볼 수 있다. 창은 창대로 중요하다.

지역신문, 마을신문을 똑같은 '창'이라 통칭하지 않고, '거울'이라고 말하고 싶다. 안과 밖이 벽으로 분리되어 창으로 관전하는 것이 아니라 안의 확장이기 때문이다. 세상을 체계와 관계, 제도와 생활로 굳이 나누자고 한다면 전자는 체계 안에서 그려진 삶을 재현해낸 형태이고 후자는 관계의 확장이다. 전자가 주로 국민으로 기능하고 국민성, 애국애족을 강조한다면 후자는 주민, 거주하는 주민, 주체적인 주민, 자치와 자급, 자립의 가치를 이야기한다. 그것은 각 신문이 갖고 있는 이념의 지향과 무관하게 전국을 대상으로 하기 때문에 필수불가결하게 나타나는 현상이기도 하다. 지역신문, 마을신문은 삶의 영역의 확장이란 측면에서 스스로의 삶을 돌아보는 거울의 구실이 강하다. 대상화하지 않는다. 그 자체의 삶을 보여준다.

그렇기 때문에 피드백이 더 격렬할 수 밖에 없다. 나의 문제이고, 우리의 문제이기 때문이다. 기사 하나하나가 삶에 미치는 영향이 크기 때문에 더 신중하고 윤리적일 수 밖에 없다. 자칫 지역사회에서 매장당할 수 있기 때문이다. 지역신문과 마을신문, 더 삶과 밀착될수록 더 높은 윤리의식과 더 신중하고 진실된 글쓰기가 필요하지만, 모든 지역이 반드시 그런 경우는 아니다. 지역 내에 소권력과 소자본과 협잡하여 같이 뒹굴기 시작하면 사이비신문도 소 체계에 편입되어 군림하려 든다. 지들끼리 짬짜미하며 주거니 받거니 관급광고와 지역 유지 광고로 생명연장의 꿈을 꾼다. 거울도 창처럼 충분히 오염될 수 있다. 먼지가 끼이고 왜곡된 거울이 들어서면 항상 삐뚤어져 보이게 마련이다. 이는 종국에는 지역의 파멸까지 이어진다. 일반저널리즘과 커뮤니티 저널리즘이 다르듯 창과 거울의 구실은 확연히 다르다. 대상화하지 않는 것이 미덕이고, 기자로써 쓰는 삶이 공동체와 분리되어 있지 않다. 쉽게 만날 수 있고 누구든 언제든 쉬이 마주칠 수 있다.

기사를 잘못 쓰면 비판당하고 힐난당한다. 자칫 공동체

에서 쫓겨날 수 있다. 물론, 이는 공동체성이 살아날 때의 이야기고 이것이 제대로 작동하지 않는다면 기존 소권력 소자본과 함께 부패와 부조리의 온상이 될 가능성이 크다. 옥천신문이 기자를 뽑을 때 옥천에 꼭 살아야 한다는 것을 전제로 하는 이유는 이 대상화의 관점을 불식시키기 위함이고 더 생활속에 밀착하기 위해서다. 가까운 대전에서 출퇴근한다고 해도 그렇게 어려운 것은 아니지만, 정서적으로 받아들이는 측면은 다르다. '대전 사람이 왜 옥천에서 취재를 해'하는 거부감이 생길 뿐더러 비판적인 보도가 나오더라도 '대전에 사는 사람이 맘대로 옥천을 비판하는 거야' 라고 말하는 것을 원천적으로 차단하기 위함이다. 그것보다 가장 큰 중요한 이유는 살아보면 달리 보인다.

내 삶이고 우리의 삶으로 여겨지기 때문에 관점과 시각이 달라진다. 공간적 구성력이 새롭게 조성되고 관계의 틀도 새롭게 마련된다. 내가 살아가야 할 곳이라 인지하는 것과 잠시잠깐 일로서 거쳐가는 곳이라고 생각할 때 마음가짐은 달라진다. 삶에서 우러나는 기사를 쓸 수 있고 모든 사람이 제보자이다. 인사하면서 말을 건네면서 물건을 사면서 한마디씩 건네는 것이 제보이고 민원일 수 있다. 그런 관계는 업무로서 만나는 관계와 사뭇 다르다. 이 때 지역신문과 마을신문 기자의 스탠스가 중요하다. 중간자적인 입장에서 늘 경계에 서있다. 매몰되지 않고 불가근 불가원의 거리를 지키면서 긴장 관계를 늦추지 않는 것이 중요하다. 자칫하면 매몰된다. 매몰되기 시작하면 관계의 사유화가 진행되고 본인도 모르게 곡필이 될 가능성이 크다. 공동체 안에서 때론 외로운 섬처럼, 소수자를 받아들일 수 있는 소도처럼, 어두운 곳을 비추는 등대처럼, 그렇게 존재해야 한다.

제대로 된 신문은 감히 권력과 자본이 만들 수 없다. 우리가 유일하게 돈 없고 힘없이 할 수 있는 것은 말과 글이다. 말과 글로 존재감을 유지하고 발화할 수 있다. 공론장 마저, 언로마저 돈과 힘에 의해 뺏긴다면 시민적 주체성은 말살당할 수 밖에 없다. 아무리 뛰어난 통치자라 하더라도 훌륭한 권력자라 할지라도 언론까지 가질 수는 없다. 가지는 순간 독재의 발걸음에 성큼 다가서는 것이다. 철저하게 언론은 주민들에 의해 귀속되어야 한다. 주민들이 출자하여 언론을 만들어야 하고, 주민이 참여하는 군민주, 협동조합 개념의 언론사가 많이 나와야 한다. 보통 지역 방송사는 광역으로만 존재하고 최근 유튜브와 공동체라디오 팟캐스트 등 다양한 방송매체가 나오고는 있지만, 예산지원을 받지 않고 지속가능성을 담보하기란 지난하다. 지역 전체를 커버하는 것에도 한계를 지니고 제작에 들이는 품이 만만찮고 수익성을 찾을 수 있는 구조도 어렵다. 지역화 된 소재일수록 인구가 적기 때문에 유튜브 구독자의 한계가 있을 수 밖에 없고 구독자수를 늘려 광고까지 유치하려 한다면 인구가 많은 도시사람의 입맛에 맞게 지역의 소재들을 계속 변형 가공해야 한다. 이 과정에서 자칫 옐로우로 변질될 가능성도 크다. 첫 시작은 그래서 전통적 저널리즘인 신문으로 시작하는 것이 오히려 쉽다. 시골일수록 아직 종이신문이 먹힌다. 트렌드가 시시각각 바뀌는 도시야 뉴 미디어가 창궐하지만, 조그만 농촌 시골은 아직까지도 종이신문 구독을 하고 신문을 통해 뉴스를 보고 있다.

구독료와 광고료를 병행하여 받을 수 있기 때문에 신문사 재정에도 매우 중요하다. 제대로 된 지역신문을 만들려면 훈련된 취재기자를 확보하는 것이 가장 중요하다. 아무리 작은 지역신문이라 하더라도 상근기자 두 명 이상은 확보할 필요가 있다. 세명이 가장 적정선이고 그 이상 재정형편에 따라 많으면 많을수록 좋다. 왜냐하면 논의가 필요하기 때문이다. 취재한 것에 대해 심도깊은 논의와 숙의를 통해 기사가 나와야 하기 때문이다. 어떤 것을 취재해야 할지, 무엇을 어떻게 보도해야 할지, 편집국 회의가 사실상 신문의 질을 담보할 수 있다.

공동체와 공공성은 한 짝이다. 옥천신문의 모토가 '지역의 공공성을 지키고 살맛나는 공동체를 만다는 풀뿌리 언론 옥천신문'이다. 그만큼 공공성은 중요하다. 공공성이 실종된 공동체는 지옥이 될 가능성이 높다. 지역의 공공성을 지켜야 살맛나는 공동체가 비로소 만들어질 수 있는 것이다. 언론이 구독의 기반이 탄탄하지 않으면 재정구조상 광고료에 휘둘릴 가능성이 크다.

관급광고와 지역 유지의 광고, 그리고 관계자본이 많은 인맥 중심의 광고가 무너질 경우 신문은 금방 무너질 수 있다. 금방 무너지지 않으려면 합리적인 구독료 가격 책정이 중요하고 이를 재정적으로 뒷받침할 수 있는 구독료 수입 또한 중요하다. 옥천신문은 1년 매출액 중 구독료 수입이 광고료 수입을 넘어선다. 구독료가 탄탄히 받쳐주기 때문에 의도를 가진 관급광고와 지역 유지 광고, 기업 광고에 흔들리지 않을 수 있는 것이다. 그렇기 때문에 소수자, 사회적 약자의 목소리에 귀를 기울일 수 있고 있는 그대로 쓸 수 있는 바탕이 된다.

외압에 의해 기사가 나오지 않거나 외압에 의해 기사가 나오는 경우는 없다. 저널리즘의 기본 윤리의식을 밑바닥에 깔고 기자와 편집국의 능력치에 따라 기사가 생성될 뿐, 다른 이해관계가 작동하는 것은 끊임없이 경계하며 차단한다.

지역에 살다보면 친소관계가 형성되고 그에 따라 마음이 쓰일 수 밖에 없다. 하지만, 이를 지키는 것은 공공성이다. 관계와 사건을 유불리로 판단하지 않고 옳고 그름으로 판단하는 것이 중요하다. 지역에 산다는 것은 사건의 맥락을 깊이있게 이해하는 것에 긍정적으로 작동하는 것이지, 친소관계에 따라 유불리 기사를 작성하는 것이 되어서는 안 된다. 멀어져서도 안 되고 너무 가까워져서도 안 된다.

역사의 길

역사의 길이란 형극과 수난의 길이다
사회의 온갖 세속적 가치로부터 소외되는 길이다
현실의 길은 안락의 길이자 세속적 영화의 길이다
어려운 역사적 상황에서 역사적 삶을 살아간다는 것은
참으로 어렵다 어떻게 사는 것이 참 삶일까

송건호 선생 일기에서
후학 김성장 옮기다

이런 관계를 유지한다는 것은 참 피곤한 일이지만, 해야 한다. 내 이웃, 내 아이 친구의 부모, 친하게 지냈던 사람이 기사의 비판 대상이 될 수 있다. 지역이 좁기 때문에 그런 것들이 얼마든지 비일비재하게 일어날 수 있다.

그래서 언론윤리법제에 대해서 공부를 해야 하고 지속적으로 신문사 내에서 이에 대해 충분하게 논의가 있어야 한다. 익명이 거의 없는 지역에서 누군가를 공론화의 지면에 올린다는 것은 참으로 어려운 일이다. 원색적으로 욕을 듣고 관계가 끊어지기도 하며 그 끊어진 관계를 다시 어쩔 수 없이 봐야 하는 고충에 시달리기도 한다. 그래도 다행인 것은 언론이라는 것, 기자라는 일 때문에 썼다는 것을 이해한다는 것이다. 사감을 갖고 쓴 게 아니라 이 사람이, 이 신문이 정당하게 취재해서 팩트를 갖고 썼다는 것을 조금씩 이해하고 있다는 것이다. 당장은 화가 나서 전화를 하며 욕을 해도 시간이 지나면서 외려 미안해하고 사과하는 사람을 봐왔다. 상처가 안 날 수야 없겠지만 넘고 가야할 산이기도 하다. 신문에는 다양한 삶의 양태를 소개하고 만나게 하는 공동체적 기사와 권력과 자본을 비판하고 견제 감시하는 공공성 기사가 황금분할로 절반정도로 균형을 갖춰야 한다. 신문에 비판적인 보도만 나면 너무 생경하고 보기 두렵고, 너무 알콩달콩한 소식들로만 채워지면 밋밋할 수 있다. 조화를 이루어야만 자랑스러운 '우리신문'이 될 수 있다.

모두가 특별하다. 특별하지 않은 사람은 없다. 특별한 사람, 특별한 사건, 희소성있는 이야기들만 뉴스로 나오지만, 커뮤니티 저널리즘에서는 모두가 특별하다. 특별하지 않은 게 없다. 평범함 속에서 비범함을 끄집어내는 것이 기자의 능력이다. 널린 게 기사거리다. 맛집만 탐방하는 게 아니라 지역에 있는 상가를 모두 탐방하고, 지역의 모든 사람을 인터뷰한다는 생각으로 기사를 쓴다. 사소한 것이란 없고 기사거리가 안 되는 것도 없다. 원하면 어떻게든 넣어준다. 누구에게나 모두에게나 말이다.

황금미꾸라지를 발견했다는 것도 우리집 소가 쌍둥이를 낳았다는 것도, 우리 집 개가 새끼를 열두마리 낳았다는 것도 고구마에 꽃이 피었다는 것도, 행운목에 꽃이 피었다는 소식도, 호랑이 발자국 비슷한 것을 발견했다는 것도, 고추 농사를 잘 지었다는 것도 원하면 취재해준다. 어렵게 전화를 한 것을 그냥 기사거리가 안 된다고 끊는 것은 없다. 문턱을 최대한 낮추고 사람들의 이야기를 들어준다. 들어주고 기사화해주면 자존감이 살아나고 다른 사람들과 연결이 되며 한 주 동안 이야기거리가 만들어진다. 어렵게 전화했을 때 '이거 기사거리가 안 돼요'라고 끊는다면 이 사람은 다시는 신문사를 찾지 않을 것이다. '나 인터뷰 좀 해주세요'라고 찾아오면 해주면 된다. 우리 지역사회의 한 구성원이기 때문에 소중하다. 한 사람 한 사람의 목소리를 담는 것이 중요하다.

더 나아가 전화를 하지 못하는 사람들, 의견을 표출하지 못하는 사람들, 말과 글에 익숙하지 않은 사람들에게 다가가는 것이 중요하다. 말 없는 자들의 말, 글 모르는 자들의 글이 되는 것이 무엇보다 중요하다. 부러 찾아다녀야 한다. 지역 안에서도 유령처럼 배회하고 존재감 없는 그들의 목소리는 소수가 아니라 다수일 수 있다. 맨날 만나는 사람만 만나는 것이 아니라 늘 새로운 사람을 만나야 한다. 옥천에는 주민등록상 5만명 정도가 있지만, 지역신문 기자하면서 5만명을 다 만날 수 있을까. 지역이 좁다고 함부로 말하지 말라. 20년을 살아도 못 가본 곳이 허다하며 만나지 못한 사람이 정말 많다. 다 안다고 하지 말아라. 모르는 것 천지이다. 대전을 성심당으로, 여수를 밤바다로 아는 서울 사람들이 정말 무지한 것이다. 우리나라 몇 년 살았다고 다 산 것처럼 이야기하고, 외국 관광지 몇번 다녀왔다고 마치 다 아는 것처럼 이야기하는 것은 참 건방진 태도다. 늘 겸허하게 다가가고 정중하게 들어야 한다.

듣고 기록하는 직업은 늘 배운다. 그게 장점이다.

지역신문은 아주 오래전부터 솔루션 저널리즘을 해왔다. 결코 사소하지 않은 민원 해결을 오래전부터 해왔다. 학교 앞 횡단보도와 인도, 골목 쓰레기문제부터, 작은도서관 운영비 지원 등 결코 작지 않은 문제들을 헤아릴 수 없이 풀어왔다. 지역신문의 효용성을 이미 극대화하고 있었다는 것이다. 효용성이 충분이 있다. 제보가 오면 취재를 하고 기사를 쓴다. 어떤 것은 단박에 해결되는 것이 있지만, 어떤 것은 십년이 걸리기도 한다. 하지만, 혼자만 알고 있던 문제를 공론화하는 순간, 기록하고 공유되는 순간 그 자체가 중요하다고 생각한다. 그렇게 공론화된 문제는 언제든 재거론하며 해결할 수 있는 여지가 있기 때문이다. 지금 이 순간에도 끊임없이 제보가 온다. 5만명에 취재기자 10명은 너무 많은 것 아니야 하는 사람도 있지만, 절대 그렇지 않다. 끊이지 않는 제보를 처리하려면 20

명도 부족하다. 지역의 산적한 문제를 깊이있게 취재하고 쓰려면 30명도 부족하다.

풀뿌리 지역신문은 풀뿌리 민주주의의 초석이고 마지막 보루이다. 1초짜리 민주주의에서 뽑아준 의원들과 군수를 우리는 제대로 감시하고 있는가. 군단위 같은 경우, 지역신문이 없다면 이들의 이야기는 거의 들을 수가 없다. 볼 수가 없다. 왜냐하면 주로 거점도시나 광역에 위치한 방송국들에서는 이들까지 보도하지 않기 때문이다. 하지만, 지역신문이 있다면 상황은 달라진다. 의회가 열릴 때마다 의원간담회가 있을 때마다, 계수조정을 할 때마다 항상 지역신문 기자가 배석을 한다. 말 한마디 거론되는 이야기들 모두를 지면에 게재한다.

옥천신문을 구독하면 뽑아준 의원과 군수가 어떤 일을 하고 어떤 발언을 했는지 소상히 알 수 있다. 이 효능감

하나만으로도 지역신문의 존재가치는 충분하고도 남음이 있다. 의회 방청석에 한번 가봐라. 한명도 없다. 다들 먹고 살기 바쁜데 시간 쪼개어 방청석에 앉아있을 시간도 여유도 없다. 지역신문 기자라도 없었더라면 그곳은 의원들끼리 시시덕거리며 농담하는 자리가 될 개연성이 충분하다. 옳고 그름이 아닌 유불리로 예산을 통과시킬 개연성이 농후하다. 옥천만해도 1년 예산이 7천억원에 달하는데 어떤 정치적 행위로 어떻게 결정되는지 모른다는 것이 대체 말이 되는가. 지역신문은 이것 하나만으로도 존재가치가 충분하다.

글
황민호

05

광고영업 잘 하고 싶으면 편집국을 자유롭게

신문사의 주 수입원은 구독료와 광고료다. 공모사업, 여행사 운영이나 강의 개설 등으로 수익을 내기도 하지만, 여전히 구독료와 광고료가 매출의 대부분, 혹은 상당 부분을 차지한다. 전국적으로 신문을 보는 사람들이 줄어든다지만, 거의 매년 신문사 광고수익은 그대로이거나 약간씩 늘어난다. 광고주가 광고를 내는 이유가 홍보에만 있는 게 아니라는 의미다.

전국 유수 신문사에 광고를 하는 상당수 광고주는 신

문사와 좋은 관계를 유지하려 노력한다. 꾸준한 광고게재로 해당 신문사가 자신들을 호의적으로 대할 가능성을 높이는 것. 이 과정에서 광고주에 대한 비판적인 기사는 줄거나 없어지고, 우호적인 기사나 나올 가능성이 높아진다. 광고를 매개로 서로 챙겨주는 관계가 만들어지는 것이다.

드라마나 영화와 달리 일선 기자나 편집국에 광고주의 압력이 직접적으로 가해지는 경우는 거의 없다. 그러나 효과는 있다. 지면에 자주 등장하는 특정 광고주를 보면 기자들도 호감을 가지게 되고, 자연스레 자기검열을 하게 되는 식이다. SNS등 온라인 광고가 훨씬 비용도 적고 효과적임에도 신문광고가 일정부분 유지되는 이유가 여기에 있다.

옥천신문은 광고효과에 초점을 맞춘다

뻔한 이야기지만 옥천신문 편집국은 오직 공공의 이익

만 생각하고 보도를 한다. 큰 돈을 지불하는 광고주라도 지역사회에 해를 끼친다면 보도 대상이 된다. 옥천군과 같은 공공기관뿐 아니라 지역 사회단체, 기업, 개인 등 취재 대상에서 배제되는 인물은 없다. 은연중에 특정 정당을 지지하지도, 보수와 진보 중 한 진영을 선택하지도 않는다. 몰라서 넘어간 사건이 있을지언정, 기사를 써야 할 사안인데 쓰지 않은 경우는 지금까지 없었다. 그럼에도 광고수익은 구독료 수익과 거의 1:1 비율을 유지하고 있다.

누군가는 이를 옥천신문의 특수성이라 본다. 옥천신문이 독특하게 자생하고 있는 것처럼 보는건데 그렇지 않다. 옥천신문 구독자들이 기사를 읽기 위해 구독을 하는 것처럼, 옥천신문 광고주들은 광고효과를 기대하고 광고를 한다. 식당을 개업하거나 축제를 열고, 사회단체장이 새로 취임하는 등 지역의 행사를 알리는데 현수막, 전단지보다 신문에 광고하는 게 비용대비 편익이 커서다.

기사를 자신들의 입맛에 맞게 바꾸려 광고하는 경우도 없다. 요구를 하더라도 옥천신문은 받아들이지 않을뿐더러, 불합리한 요구를 하는 광고주 자체도 거의 없다. 식당 개업이나 사회단체장 취임은 요청만 하면 취재기자가 방문해 기사를 쓴다. 광고를 하나 안하나 기사방향이나 분량이 달라지지 않으니 무리한 요구를 할 이유도 없다. 효과를 기대하고 광고를 한다는 건 공공기관도 다르지 않다.

물론 일부는 여전히 기사와 광고를 거래대상으로 본다. 기사를 잘 써줘서 찬조하겠다, 우리가 원하는 방향으로 취재하면 보답하겠다는 식으로 편집국을 회유한다. 광고영업을 하는 내게 편집국에 압력을 행사하길 바라는 인물도 있다.

나는 광고영업 업무를 맡은 이후 기사를 어떻게 써달라는 광고주의 요구를 편집국에 전달하지 않는다. 편집국에서 취재원이 광고를 조건으로 거래하려 할 때는, 해당 취재원을 만나 보도영역과 분리해 광고를 하도록 설득하고, 그래도 받아들이지 않을 경우에는 광고를 거부하기도 했다. 다행히 대부분 광고주들이 설명을 이해하고 받아들여줬다.

편집국이 바로 서야 광고매출이 늘어난다

연 매출 8억원이 약간 넘는 영세 신문사가 광고를 포기하기란 쉽지 않다. 그리고 한번 돌아선 광고주가 다시 돌아오기는 더 어렵다는 것도 그간 경험으로 절실히 느끼고 있다. 그럼에도 단순하다 할 정도로 보도영역의 독립을 지키려는 건, 그게 광고영업에 도움이 되기 때문이다.

신문의 광고가 효과적이려면 신문에 힘이 있어야 한다. 구독자가 신문을 볼 이유가 충분해야 하고, 독자들과 광고주의 요구를 만족시킬 수 있어야 한다. 옥천신문 3천

독자들이 한 부 2천500원이라는 돈을 내고 사서 보고, 회당 적게는 수 만원에서 많게는 백만원 이상 돈을 지불하며 광고를 하는 합당한 이유를 만들어야 한다. 광고효과 이외 목적을 가진 광고주의 광고를 받기 시작하면 그때부터 신문사는 수익만을 목표로 하는 사업장이 된다. 기자들은 돈을 버는 영업사원이 되는 건 시간문제다.

옥천신문 광고영업 비결을 묻는 타 언론사 관계자들이 몇몇 있었다. 그때마다 나는 취재 및 보도영역에 신경을 쓰지도 말고 광고주의 부당한 요구를 전달하지도 말라 당부했다. 취재 및 보도에 무관심하라는 게 아니라 영향을 주지 말고 별개로 보라는 이야기였다. 변화를 시도하면 처음엔 광고주들의 반발도 있고, 광고수익이 급감할 수도 있다. 그러나 독자가 신문을 볼 충분한 이유를 만들어야 광고영업도 잘 된다. 광고주가 광고효과를 기대하고 광고를 내게 되면, 편집국에도 힘이 생기고, 더 좋은 신문을 만드는 선순환구조를 만들 수 있다.

광고에 대한 이야기지만 결국 언론 본연의 가치를 지켜야 한다는 말을 하고 싶다. 뻔한 이야기겠지만 그게 신문사가 살아남을 방법이면서, 오늘날 기레기라 욕하는 독자들이 신문사에 요구하는 것이기도 하다.

글
권오성

3장

풀뿌리 자치의 가치

01

마을과 가족, 그리고 커뮤니티와 국가는 어떻게 연결되는가

연말이 되면 마을마다 대동회를 한다. 이장 선거를 하는 마을이 있고 안 하는 마을이 있다. 이장 선거를 하면 골치가 아파진다. 면에도 변두리 작은 마을은 이장 할 사람이 없어서 고르기 바쁘고, 면 소재지 중심마을은 서로 이장하려고 해서 박 터진다. 마을의 헤게모니는 생각보다 복잡다단하다. 이해관계가 시시때때로 충돌되고 갈등의 앙금이 사라지지 않고 침잠되어 있어 언제든 부옇게 일어날 준비가 되어 있다. 집성촌과 각성바지, 토박이와 이주민, 여러 갈래로 헤게모니가 나뉘어지고 그 사이에서 이장이 결정된다. 결정된 이장은 마을의 외치와 내치를 모두 담당하는 막강한 권력을 지닌다. 수당은 별개로 치더라도 각종 마을사업 이권과 추천 등 여러 가지가 공유되지 못하고 특정 편향되어 일정 패거리에 집중되면 마을은 파국의 길로 성큼성큼 다가간다. 고소고발이 난무하고, 패가 갈려 어지러운 공존과 어색한 평화 아래 치열한 헤게모니 쟁탈전이 시작되는 것이다.

그런 와중에 서로 이말, 저말 하느라 맘이 다치고, 삶의 의미를 상실한다. 평안하게 살려는 맘 모두들 한결같은데 순식간에 지옥으로 변하는 것은 한 순간이다. 자연은 그 자체로 평화로운데, 마을안은 시끌벅적하다. 속도 모르고 어설프게 다가갔다가는, 엉성하게 대충 그까이꺼 하며 접근했다가는 그 삼엄한 분위기에 찍 소리도 못하고 퇴각하기 일쑤다.

겉껍질을 벗겨보면 마을은 그다지 아름답지 않다. 속

시끄러운 일만 수두룩하다. 이게 보면 해묵은 갈등이라 감정은 끝간데 없이 얽혀있고 어디서부터 실타래를 풀어야 하는지 알 수 없어 면 행정은 눈을 질끈 감기 일쑤이고, 중재자나 조정자 없는 마을은 그야말로 삶의 지옥이 되는 것이다. 대문 열고 나가면 얼굴 마주보는 사이인데 어색하고 불편함을 넘어서 꼴도 보기 싫은 관계라면 어떠하겠는가. 마을 일이란 것이 묘하게도 마을 담장을 또 넘어서는 안 된다. 불문율처럼 남의 마을 이야기를 두고 감놔라 배놔라 하는 이야기는 할 수는 있지만, 절대 공론화되지 못한다. 자체적으로 갈등의 출구를 찾지 못하고, 건강한 논의구조를 만들지 못한 마을은 주구장창 고소고발이 난무하고, 내용증명이 수차례 오갈 뿐이다. 법원 판단으로 희비가 갈라지면서 마을은 그 자체로 아사리판이 된다.

싸움은 창 바깥에서 구경하지 좋을지는 몰라도 한데 섞이게 되면 그 블랙홀로 같이 끼어들어갈까봐 행정은 물

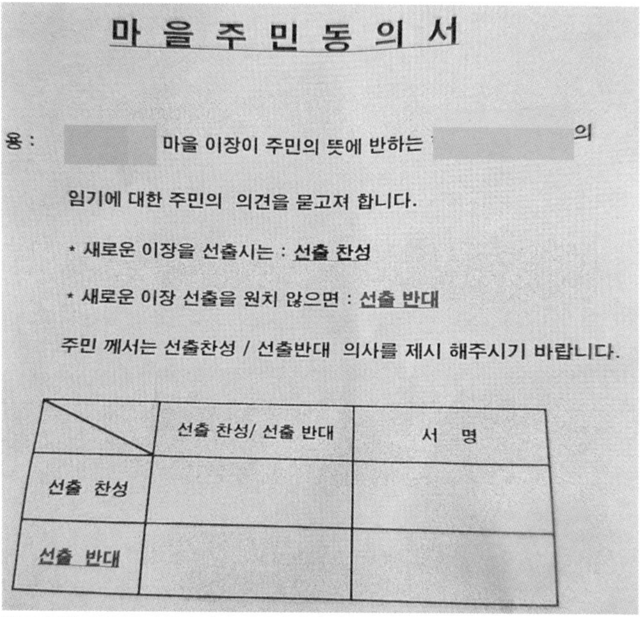

마 을 주 민 동 의 서

용 : 마을 이장이 주민의 뜻에 반하는 의

임기에 대한 주민의 의견을 묻고져 합니다.

* 새로운 이장을 선출시는 : 선출 찬성

* 새로운 이장 선출을 원치 않으면 : 선출 반대

주민 께서는 선출찬성 / 선출반대 의사를 제시 해주시기 바랍니다.

	선출 찬성/ 선출 반대	서 명
선출 찬성		
선출 반대		

한 마을 일부 주민들이 돌린 이장 재신임 관련 마을 주민 동의서. <옥천신문 자료사진>

론 시민사회에서도 안 끼려고 하는 사이 완충지대 없는 갈등들은 서로의 살을 갉아먹고 커지는 것이다. 이런 마을들이 많아지는 것은 참으로 비극이다. 어떤 마을들은 공모

사업도 많이 따오면서 시설 인프라도 구축되고 마을 주민들끼리 어울렁더울렁 잘 어울리면서 행복하게 밥도 같이 먹고, 자주 모여 서로를 챙겨주는 마을이 있는가 하면, 어떤 마을은 오뉴월에도 찬바람이 쌩쌩불고 경로당이 자물쇠로 잠근 채로 서로 얼굴 보기가 어렵다. 마을 너머, 갈등의 불구덩이 속으로 뛰어들 자가 아무도 없는 것이다. 개인간의 문제로 치부하기엔 마을 전체가 감당해야할 피해가 너무나 크다.

민간갈등은 사회적비용이 그만큼 많이 든다. 개인이 감내해야 하는 비용은 차치하고서라고 공동체가 함께 부담해야 할 정서적 비용은 이루 말할 수가 없다. 심지어는 마을 공동체가 붕괴되기까지 할 수 있다. 마을이 산산조각 난다는 것이다. 그럼 갈등을 조금 더 객관적으로 보고, 법적 소송까지 가기 전에 완충지대에서 풀어내고 회복할 수는 없는 걸까. 이미 옥천신문에서 여러차례 보도된 적이 있는데 행정에서 이를 만든 사례가 없진 않다. 경기도 평택시는 2020년부터 민간갈등 조정을 위한 이웃분쟁조정센터를 설치 운영중이다. 이를 위해 2019년 6월28일 전국 최초로 센터 운영예산을 위한 조례를 만들었다. 이웃분쟁조정센터는 평택YMCA에서 위탁받아 지역주민들로 구성된 분쟁조정인을 교육한다. 분쟁 조정인은 민원을 접수받고 갈등당사자들 사이에서 대화와 협의를 이끌어내는 것이다.

분쟁조정인 육성과정은 기본교육, 심화교육과정 이후 보수교육과정을 통해 갈등조정을 위한 법률상식, 사례분석, 실습교육을 진행하고 있다. 주민들이 이런 역량을 갖춰가면 공동체파괴를 막을 수 있다. 평택은 이미 매해 100명 넘는 분쟁조정인을 배출하고 있다. 이웃분쟁조정센터에서 활동을 하는 상근직원은 2명, 비상근 직원 1명의 인건비도 일부 지원한다. 1년에 2억2천700여 만원으로 사회적비용을 확 줄이고 있는 것이다.

광주광역시는 2015년부터 민간 갈등을 조정하는 마을분쟁조정센터를 설치 운영하고 있다. 주민 화해지원인들은 5개 자치구 50여개 소통방에서 활동하며 개인간 갈등을 조정하고 있다. 광주광역시는 2015년부터 2020년 11월까지 5년간 층간소음, 생활누수, 반려견 소음과 같은 1천918건의 주민갈등을 접수받고 1천601건을 해결했다. 조정률은 83.5%나 된다. 광주광역시가 마을분쟁해결센터에 지원하는 예산은 매년 3억2천500만원수준이다.

2021년 4월23일자 평택시의회 이영배의원을 인터뷰한 기사는 자못 인상적이다. 인터뷰에서 이영배 의원은 "평택시에서 민원콜센터를 운영하는데 이 콜센터는 행정절차나 법적절차를 안내해 줄 뿐이다. 갈등은 곧잘 법적소송으로 이어졌다. 이게 다 사회적 비용아니겠나. 비용만 문제가 되는 게 아니라 법적 공방까지 가고 난 이웃이 어떻게 나중에 웃으면서 볼 수 있을까. 그 전에 화해하고 소통해야 그 다음 공동체를 고민할 수 있다"고 말했다. 아울러 "이웃분쟁 조정도 지자체의 몫이라는데 공감했다기보다는 당장 공무원이 접수받은 민원의 양이 엄청 났다. 이 조례를 가장 필요로 했던 것은 평택시민이었다"고 덧붙였다.

평택시 이웃분쟁 공공갈등 조정 및 관리조례는 행안부 전국지방의회 우수사례에서 대상을 수상했다. 완충공간을 만들고, 조정인이 그 사이를 비집고 들어가서 서로의 감정소모를 줄여주면서 합리적으로 일을 풀다보면 감정이 다치는 일도 줄어들고, 다시 이웃과 공동체로 회복될 수 있는 여지를 준다는 것이다. 또한, 공무원의 민원행정에 대한 스트레스도 줄어들고 업무에 집중할 수 있으므로 업무 효율도 높아질 것이다. 마을 안에 개인간의 갈등은 가족간의 갈등, 지인과의 갈등, 씨족사회와의 갈등으로 확전될 가능성이 높고 그 피로도는 모두에게 영향을 미칠 수 밖에 없다.

서로 다른 사람들이 살기에 공동체에서 갈등은 필연적이다. 이 갈등을 어떻게 스스로 해결할 것인가도 매우 중요하지만, 제도적으로 정책적으로 공공에서 이런 갈등을 해소할 수 있는 분쟁조정인을 양성하는 것은 사실 퍼실리테이터를 양성하는 것보다 더 중요한 일일 수 있다. 개인과 커뮤니티는 따로 존재하지 않는다. 그것은 가족과 커뮤니티도 마찬가지다. 개인간의 관계가 원활하고 서로 합이 맞아야 의견이 다르더라도 끊임없이 존중해줘야 공동체는 성장할 수 있다.

남의 마을 말 하는 게 힘들듯이, 남의 집안살이를 두고 이러쿵 저러쿵 말하는 것도 금기시된다. 담장너머 참견하면 불이 꺼지는 게 아니라 불이 붙게 되는 경우가 허다하다. 가정 안에서 약자들은 그래서 더 힘들다. 부모라고, 조부모라고 그 명칭에서 반드시 '선'과 '애'를 담보하는 게 아니라서 아이들이 혹은 노인들이 물리적 학대 말고도 정서적 학대를 받는 경우를 심심찮게 듣고 보게 된다. 하지만, 듣고 말뿐 남의 가정사에 직접적으로 개입하지 못한다. 불륜과 이혼, 그리고 가정폭력과 폭언, 방임의 사례는 여기저기서 어렵지 않게 확인된다. 결국 신고를 하게 되는 경우도 종종 있지만, 신고를 하기 전까지의 과정 자체가 지난하다. 눈에 보이는 폭력이면 바로 신고를 하면 될텐데, 방임과 정서적 학대 사이 어딘가에 걸쳐져 있으면 뭐라 말하기 딱히 힘들 정도로 그냥 그 상태가 이어지게 되는 것이다.

마을의 신화, 가족의 신화를 벗겨버릴 필요가 있다. 그 민낯의 현장과 우리는 고통스럽더라도 마주해야 한다. 마을이 세계를 구한다는 구호에 현혹되지 않아야 한다. 마을은, 가족은, 공동체와 공공성을 뿌리채 썩게 만드는 만악의 근원일 수 있다. 마을과 가족이 따스하고 인정 넘친다는 환상, 지역과 시골은 무언가 공동체가 살아있을 것 같다는 편견과 선입견을 벗어버려야 한다. 방임하고 팔짱끼는 사이에 마을과 가정은 그 자체로 썩어가고 있고 그 사이에 사회적 약자들은 여전히 학대와 착취를 당하고 있다.

이장이라는 이유로, 가장이라는 이유로 권력을 휘두르는 사람들, 내 일 아니라고 방임하는 사람들, 그리고 거기까지 우리의 영역이 아니라며 팔짱끼는 관료들까지 그들은 가학적이고, 당하는 사람들은 이제껏 당해왔던 것처럼 그것을 체화하는 것이 이 지독한 평화를 유지하는 방법이다. 가족과 마을의 문제에도 적극 개입하고, 공론장으로 끌고 나와야 한다. 그래서 금기를 깨부수고 어떻게 공론화해 문제를 해결할지에 대해 고민해야 한다. 사적인 가족의 영역까지도 어떻게 다양한 루트로 공적개입을 시도할 것인지 고민해야 한다.

왜냐하면 태어날 때부터 가족의 환경에 따라 형성되는 불평등이 이후의 삶을 많이 좌우할 수 있기 때문이다. 뿌리 깊은 충효 사상에서, 맹목적으로 주입되었던 충효 사상에서 얼마나 많은 사람들의 인생이 짐 지워지고 힘들게 삶을 영위했는지 우리는 주목할 필요가 있다. 그것을 개인의 능력으로 칭송하고 인간 승리로 포장하는 사이에 우리의 사회와 국가는 한치 앞도 진보하지 못했다. 이는 가족을 해체하자는 것이 아니라 가족의 형태를 유지하되 태어날 때부터 개개인의 인간의 존엄을 유지할 수 있는 경제적 자립(복지)과 주거, 의료, 교육 등의 기본적인 조건등은 이제 기본바탕으로 마련되어야 함을 말한다.

여기서 우리는 새로운 미래의 가족 선언문을 발표한 스웨덴의 정치사를 잠깐 살펴볼 필요가 있다. 스웨덴 사민당이 집권한 1936년부터 86년까지 이 50년을 사민당이 국민의 집을 만들기 위해 어떤 노력을 해왔는지 살펴볼 필요가 있다. 1976년부터 82년까지 6년을 제외한 44

년간 집권한 사민당의 총리는 한손과 에를란데르, 그리고 팔메 뿐이었다. 10년을 집권한 한손, 23년을 집권한 에를란데르, 다시 11년을 집권한 팔메는 그 기간 동안 유럽에서 가장 가난하고 비참했던 스웨덴을 가장 완벽한 복지시스템과 민주주의체제로 만들었다.

'인민의 집', '국민의 가정'은 스웨덴 사민당과 복지국가의 역사에서 중요한 역할을 했다. 에를란데르는 전임자인 페르 알빈 한손이 제창한 '국민의 집'을 스웨던의 복지모델로 완성했다. 1928년 사민당의 당수였던 한손은 의회연설을 통해 처음 '국가는 모든 국민의 좋은 집이 돼야 한다'고 말했다. '가정이란 공동체, 그리고 함께함을 뜻합니다. 훌륭한 가정은 그 어떤 구성원도 특별대우하거나 천대하지 않습니다. 아이들을 편애하거나 홀대하지도 않습니다. 훌륭한 가정에는 평등, 사려, 협력, 도움이 존재합니다. 가정은 가족의 울타리만 뜻하는 것이 아닙니다. 국민과 시민을 품는

커다란 가정도 있습니다. 그런 가정에는 가난한 자와 부자를 갈라놓는 사회적 경제적 장벽이 없습니다.'

1972년 올로프 팔메 총리와 사회민주주의 정치가들이 스웨덴의 미래를 위해 혁명적인 비전을 제시했다. 그 선언문의 제목은 '미래의 가족'으로 그 내용은 다음과 같다. "서로에게 기대고 의존하는 낡은 전통적인 가족구조에서 벗어나자! 남편으로부터 아내를, 자녀로부터 노부모를, 부모로부터 청소년을 자유롭게 하자! 사회구성원이 모두 자유롭고 평등하며 독립적으로 사는 사회를 만들자! 삶의 한단계 도약을 이루어내자!"

진정한 독립과 자유는 경제적인 자립에서 비롯되므로 정부는 여성의 경제활동을 적극 지원했고, 경제적 능력이 없는 오인과 아이들은 복지를 늘려 국가가 책임지는 시스템을 구상했다. 가족간의 전통적인 의존관계를 해체하고 '사회 구성원이 모두 자유롭고 독립적으로 사는 사회를 만들자'고 선언한 것이다. 스웨덴은 보통 만 18세에 부모로부터 독립을 하고 대학 진학을 하면 월 140만원(이중 2/3는 학자금 대출이나 최장 25년 동안 0.16% 이자율로 갚으면 된다)을 국가가 지원해준다. 대학은 무상교육이니 온전히 자기 생활에 쓸 수 있는 것이다. 국가가 책임지고 국민을 보호하기에 가족의 지원 없이도 스스로 삶을 개척해나갈 수 있는 것이다. 스웨덴은 시민의 기본생활을 보장하는 제도가 탄탄하다. 팔메가 노력한 것은 그저 일상을 걱정없이 살 수 있는 평등한 지원이다.

팔메는 제도의 수혜자가 성별에 관계없는 개인이 되도록 개혁에 초점을 맞췄다. 가족 기준으로 디자인되어 있던 기존 제도가 개인을 기준으로 옮겨가고 있다는 신호였다. 복지국가는 사람들이 갖고 태어난 여러 가지 한계를 제도를 통해 약화시켜 자유롭고 독립적인 개인이 되도록 보장해주는 것이다. 결국 어릴 때부터 경제적 자립을 어떻게 이루느냐는 의존에서 독립으로 향한 첫걸음을 내딛는다는 면에서 매우 중요하다.

올해 7월17일부터 경남 함양군은 매월 13-15세는 5만원을, 16-18세에는 매월 10만원을 꿈드림바우처 카드로 지급하기로 했다. 바우처 카드 포인트는 매월 지급되며 군내 가맹점으로 등록된 마트, 편의점, 카페, 서점, 문구점, 이미용점, 취미 및 예체능학원, 체육시설 등에서 사용할 수 있다. 부모에게 손 벌리지 않고서도 매달 용돈을 받아 쓸 수 있는 것이다. 앞서 언급했듯이 경제적 자립이 되어야 독립적인 생활이 가능해진다. 함양군의 사례는 작지만 부모님의 손과 말에만 의존하지 않고 독자적인 생활이 가능하도록 바우처를 통해 지불했다는 것에 큰 의미가 있다.

부모든 누구든 예속되지 않는 삶은 중요하다. 독립적인 개개인들이 느슨한 공동체로 서로 연대하고 부조하는 것이 중요하다. 그러려면 결혼과 가족의 정상성에 대해 문제제기를 할 필요가 있다. 이성애 결혼과 출산 가족만이 정상가족의 범주로 보편적으로 인정되고 제도적 지원이 되는 것에 대해 의문을 제기해야 한다. 가령, 덴마크는 자녀의 수를 파악하는 데만 총 37개 형태로 나눠 집계한다. 가령 미혼모와 아이가 사는 가족, 재혼부부와 모계자녀가 함께 사는 가족 등 아이들이 있는 가정의 가짓수만 37개다. 여기에 추가로 이성혼, 동성혼, 합의 관계, 동거관계, 등록된 동반자 관계, 싱글 등 6가지 가족형태까지 구별하면 수백가지의 경우의 수가 존재한다. 덴마크는 이 모든 유형의 가족을 동등한 가족으로 홍보하고 품었다. 스웨덴은 전세계에서 가장 긴 육아휴직 기간(480일)을 준다. 결혼이 아니어도 사회보장시스템을 통해 다양한 형태의 동반자관계를 맺을 수 있다.

집안의 금쪽이와 납쪽이가 학교에서 가정에서 사회에서 내몰리는 천덕꾸러기가 되지 말아야 한다. 드림스타

트나 그룹홈, 아동보호전문요원이나 교육복지사를 통해 이를 늘리면서 이들의 삶에 대해 어떻게 지역사회가 함께 할 것인지에 대해 충분한 사례관리를 해야한다. 물리적, 정서적으로 학대받는 아이들을 구출하고 서로의 관계를 개선시키기 위해 완충지대와 공간과 전문적인 대응이 필요하다. 그래서 끊임없이 도움이 필요한 사각지대 아이들을 발굴하고, 끊어진 아동보호체계의 틈을 메우고, 아이들을 지속적으로 오랫동안 지켜보는 것이 필요하다. 2019년부터 아동보호전담요원제도가 도입이 되었지만, 기초지자체 229곳 중 73곳이 전담요원이 단 한명이거나 아예 없는 실정이다.

혈연만이 가족이라는 굳은 선입견에서 벗어나 같이 어울리는 친구도 동반자도 얼마든지 가족이 될 수 있다는 가족의 재구성이 필요하다. 개인과 가족, 마을과 지역사회, 지자체와 국가는 관계와 체계속에서 서로 주고받으며 보충성의 논리로 서로를 채워줘야 한다. 보충성의 원리란, 행동의 우선권은 언제나 실행 주체인 소 단위에 있는 것이고, 소단위의 힘만으로 처리할 수 없는 상황에서 차 상급단위가 보충적으로 개입할 수 있다는 것이다. 더 이상 통제하는 개념이 아닌 지원하는 개념으로 바뀌어야 한다는 의미이다. 이제 더 이상 가족과 마을의 문제를 너네 가족의 문제, 너네 마을의 문제로 알아서 해결하라는 시선의 폭력은 거둬들일 필요가 있다. 가족이 힘들면, 마을이 갈등에 치이면 모든 공동체가 위험할 수 있다. 어떻게 필요한 공적개입을 하고, 필요한 기본 바탕을 만들지에 대해 함께 고민해야 할 시점이다.

글
황민호

02

옥천군농업발전위원회는 옥천에 사는 자부심이었다

#1. 개인이 겪은 생애 첫 선거는 2008 총선이다. 생일이 빨라 또래 집단에서는 '드물게' 투표권이 있었다. 하지만, 투표권을 행사하지 않았다. 총선에 나온 후보자 이름도 몰랐고, 이름을 모르는 것만큼이나 관심도 없었다. 그렇게 첫 번째 선거가 훅! 지나갔다. 투표는 시민의 책임이라 배웠기에 이를 실천해야겠다는 생각에 두 번째(2010년 지선), 세 번째(2012년 총선) 투표권을 행사했는데 '모르는 사람들을 두고 대체 어떤 기준으로 표를 줘야 하는가'라는 의문만 남겼다. 심지어 내가 뽑은 후보자가 당

선됐는지 조차도 궁금하지 않았다. 그나마 후보자 얼굴도 알고, 이름도 알았던 대통령 선거(2012년)는 달랐는데, 이제야 돌이켜 보면 내가 아는 것은 얼굴과 이름이 전부였던 것 같아 시민의 권리를 제대로 행사했다 말하기 몹시 부끄럽다.

#2. 선거의 재미(?)를 안 것은 옥천 생활이 시작된 뒤다. 2014년 입사로 당시 편집국은 지방선거 보도 준비에 눈코 뜰 새 없이 바빴다. 사수를 따라 지방의회 후보자 인터뷰를 다녔고, 모든 선거를 통틀어 처음으로 얼굴과 이름을 아는 수준을 넘어선 정보를 가지게 됐다. 후보자의 과거 이력을 알고, 공약을 보고, 심지어 당사자와 이야기를 나눈 상태서 투표를 한다는 것은 제법 설레는 일이었다. 가장 관심사였던 대통령 선거는 후순위로 밀려났고, 옥천 생활 10년 만에 지선>총선>대선 순으로 관심사가 아예 뒤집혔다. 지역 주민이 선거 의제를 직접 발굴하

고, 지역 신문이 이를 공론화하고, 후보자들이 공약을 안은 뒤 이를 실현하는 일은 '정치의 효능감'을 직접적으로 느끼게 하는 일련의 과정이었다. 단연코 정치적 효능감은 지방선거가 그 어떤 선거보다 앞선다. 대통령 후보자와 지역 주민 사이의 물리적 거리는 곧 시민이 정치적 효능감을 느끼기 어려운 거리감과 같다. 면 지역에 위치한 학교로 진학한 중·고등학생의 이동을 돕는 통학 택시 지원, 지역 화폐 발행으로 지역 내 선순환 경제 구조를 만든 일, 학교급식에 지역산 농산물이 우선 공급되는 공공조달 체계 구축, 충북도립대 무상교육까지 지역 주민의 필요가 공약화로, 그 공약이 제도화로 나아가는 과정 속에서 정치의 효능감을 느꼈다. 옥천살이에서 느낀 '와우포인트(Wow Point, 감탄할 만한 지점)'이다. 선거는 내가 생각했던 것보다 훨씬 더 내 삶과 밀접해 있다.

밥 한 그릇을 잘 먹으면
만 가지 일을 알게 된다

최시형 선생님 말씀 가연 장복

#3. 옥천살이에서 느낀 와우포인트는 여기서 끝나지 않는다. 결론부터 말하자면 농정자치의 끝판왕 '옥천군 농업발전위원회(농발위)'는 옥천 생활의 자부심이었다. 농발위는 여러 측면에서 와우포인트가 있다. 첫째, 농발위는 조례에 근거한 법적 기구다. 법적 위상을 가진 회의 기구이자 조례를 폐지하지 않는 이상 유지해야 한다. 조례는 하루아침에 뚝딱 만들어진 것이 아니다. 2001년 지역 농정발전을 논의할 범 회의기구 필요성이 제기됐고, 이 요구는 5년 뒤인 2006년 현실화됐다. 둘째, 지방자치단체장과 지방의회 의원, 지역농협 조합장, 농업 관련 공공기관 관계자(이를테면 농산물품질관리원, 농어촌공사 등), 지역 농업 관련 단체 대표(한농연, 한여농, 농민회 등), 품목별 대표자(포도연합회, 복숭아연합회, 쌀 생산자협의회 등) 등이 한자리에 모인 지역 농업 정책 논의 기구다. 의사결정 권한이 있는 군수와 군의원, 조합장 등이 한자리에 모여 의제를 논한다는 것은 농업 정책의 제도화에 상당한

2016년 옥천군 농업발전위원회 회의.<옥천신문자료사진>

속도감을 붙여 갈 수 있는 특장점이 있다. 이제는 기본값이 된 '민관협치'를 단어가 낯설 당시부터 실현해 간 것은 물론 '관관협치'의 모델을 보여준 것이기도 하다. 2007년 무상급식 조례를 시작으로, 2010년 어린이집 급·간식 지원 사업, 2019년 로컬푸드직매장 등 대외적으로 인정받고 있는 '옥천 로컬푸드 정책'이 농발위를 통해서 하나씩 모습을 갖춰갔다.

#4. 빛나는 성과만 두고 농발위를 옥천살이 자부심이라 하는 것이 아니다. 선거로 채워지지 않는 빈자리는 자치의 공간이라는 사실을 농발위를 통해 배웠다. 교과서에나 나올 법한, 어쩌면 이상향에 가까운 자치의 현장을 눈으로 직접 확인한다는 것은 대운 중의 대운이라 생각하기도 했다. 농발위 위원 중 절반은 농민 당사자다. 어떤 정책을 만들 때 주민 의견수렴은 필수 절차지만, 농발위 위원의 권한과 책임은 이 수준을 뛰어넘는다. 정책 개발의 주체로서 활약했다. 단체별로 대표성을 띠고 왔다지만 이들이 '선거'를 통해 대의성을 인정받은 것은 아니다. '시험'을 통과한 공직자도 아니다. 그럼에도 불구 지역 농정 방향을 설계하고, 공적재원을 투자하는 의사결정 주체로 활동했다. 공적재원을 어떻게 쓸지 결정하는 권한이 선출된 권력, 시험을 통과한 권력에만 있지 않다는 아주 기본적인 사실을 확인받은 것 같아 기쁘기까지 했다.

#5. 당사자의 필요에의해 만든 정책 만큼 당사자와 가까운 것이 있을까. 자치의 효능감은 정치를 뛰어넘을 수 밖에 없다. 농발위원은 본인이 가진 권한에 대한 책임을 다했다. 농삿일을 하지 않을 때는 공부했다. FTA에 따른 포도폐원 대책, 멈출 줄 모르고 떨어지는 쌀값 대응, 지역 먹을거리 선순환 구조 구축, 소규모 농가공 등 말 그대로 '지역 농정 방향성'을 잡아가려 애썼다. 포장재 지원 늘려달라, 보조금 비율 늘려 달라는 식의 단순 민원이 아니다. 여성 농민이 직접 생산한 잡곡을 가지고 '옥천푸드가공센터'를 이용해 만든 가공식품인 선식을 '로컬푸드직매장'에서 쉽게 살 수 있는 지역 주민의 한 사람으로 자치는 내가 생각했던 것 보다 훨씬 더 내 삶과 밀접해 있다는 것을 느낀다.

#6. 농발위는 와해 됐다.

#7. 민관협치가 어려운 이유는, 민과 관이 동시에 협치 준

비가 돼 있어야 하기 때문이다. 군수와 군의원 참여를 의무화 조항은 조례 개악을 거쳐 삭제됐다. 선출된 권력이 없는 자리에서 지역 농정 방향성이 잡히고 힘 있게 추진되기란 어렵다. 사실상 농발위가 해체됐다고 말하는 이유다. 관은 농발위를 껄끄러워했다. 다른 지자체가 하고 있지 않은 사

업을 선도적으로 하자는 제안은 관의 입장에서는 부담이었고, 지역 농정 방향성을 두고 벌어지는 토론에서 "농민에게 혼나는" 상황은 자존심이 상하는 일이었다. 선출된 권력, 선출되지 않은 권력 할 것 없이 공통된 반응이다. 이들에게 관은 민원의 해결사로 주민은 '부탁하는 존재'여야 한다. 정책

▲ 공공급식센터 운영방식을 두고 옥천군과 옥천군의회가 입장차를 좁히지 못하면서 공공급식센터 민간위탁 동의안이 결국 부결됐다. 공공급식센터가 언제 운영될 수 있을지 예측할 수 없는 상황 속 센터의 본래 취지인 주민 먹거리 복지는 뒷전으로 밀려 행정과 의회 두 기관의 연대책임이라는 지적이 나온다. <옥천신문 자료사진>

입안의 객체 혹은 정책의 수혜자 위치에 서 있어야 하는 존재들의 주체성은 달가운 것이 아니다. 그렇게 농발위는 와해 됐다. 농민 당사자가 농업 정책을 만들 수 있었던 권리, 그 권리를 뺏겼다. 그리고 나의 옥천살이 자부심도 깨졌다.

#8. 반성이 없었던 역사는 반복되고 말았다. 민관협치가 필요한 공공급식센터 운영 방향성을 두고 옥천군은 관에서 결정 권한을 갖겠다고 선을 그었다. 관 주도 납작한 운영 방안 속 공공급식센터가 제 역할을 할 수 있을지 의문이 든다. 관은 농산물 가격부터 뒤흔들었다. 복잡한 유통과정과 불안정한 판로로 가격 결정권이라는 것은 가져본 적 없었던 생산자가 지역 내 먹을거리 공공조달 체계로 처음으로 가져본 권리를 다시 부정당하는 꼴이다. '가격결정위원회'를 두고 생산자 의견을 듣겠다지만 옥천 친환경(무농약, 유기농) 쌀 수매를 앞둔 옥천군은 관행농(저농약 등)으로 지은 공공비축미 가격을 적정가로 제시했다. 생산비를 보전하기 위

해 농민이 제시한 가격을 두고는 "불통이다"고 비판하던 관이 보이는 모습은 과연 소통인지 되묻지 않을 수 없다. 농민은 또 다시 권리를 빼앗겼다. 가격결정권을 시작으로 얼마나 많은 권리를 빼앗길지 쉬이 짐작되지 않는다. 정책 결정권이 민에게 돌아가는 길은 너무나도 쉽지 않다.

공공급식센터 역할 요약

1. 지역 안팎으로 공공급식 판로 확장 : 학교급식, 어린이집 급·간식, 병·의원 및 사회복지시설 급식, 군대급식, 공동체 밥상, 농업인 공동급식, 홀몸노인 도시락, 임산부 꾸러미 등 지역 주민에게 건강한 먹을거리를 제공하는 것.

2. 농산물 기획생산 : 학교급식에 들어가는 식재료를 분석해 옥천산 농산물이 생산될 수 있도록 독려하기. 이를테면 한 해 학교급식으로 소비되는 양파의 양이 100인데 옥천산이 30밖에 안 되면 나머지(70)가 생산될 수 있도록 생산자를 조직하는 것.

이를 위해서는 기획 생산물 전량을 사준다는 계약과 보관을 위한 저온고 및 창고 운영이 필수.

3. 공공급식으로 납품되는 식재료 전품목 취급 : 공동급식을 실시하는 소비처에서 여러 번 장을 보지 않도록 식재표 유통과정을 일원화 하는 것. 식재료 전품목에는 신선식품과 육류 어류 가공식품 전반을 일컫는다.

4. 가공식품 기획생산 : 밥상에 올라가는 식재료 절반이 가공식품인 만큼 된장, 고추장, 간장, 들기름, 참기름, 식용유 등 가장 많이 사용되는 가공식품이 지역 안에서 생산될 수 있도록 농산물 생산과 가공식품 개발을 기획하는 것.

5. 농산물 및 가공식품의 가격 결정 : 농민이 농사를 포기하지 않도록 생산비를 보전하는 것.

글
이현경

03

내 삶을 바꾸는 선거는 지방선거

"시의장이 누구인지 아는가?" <옥천신문> 면접 자리에서 받은 질문이다. 단체장을 물었던 앞선 질문에는 자신있게 답했지만 시의회 의장이 누군지 묻는 말에는 답하지 못했다. 다행히(?) 합격을 했고, 얼마 지나지 않아 이 질문의 의미를 알게됐다. 선거를 앞두고 인터뷰 등 바쁜 선배들을 따라다녔는데 입사 2개월 만에 연고 하나 없는 낯선 동네인 옥천을 파악하는 데는 굉장히 유효했다. 2014년 그해 6월에는 6.4 전국동시지방선거가 열렸다. 옥천군의원 선거는 가(옥천읍), 나(군서·군북·동이·이원), 다(안남·

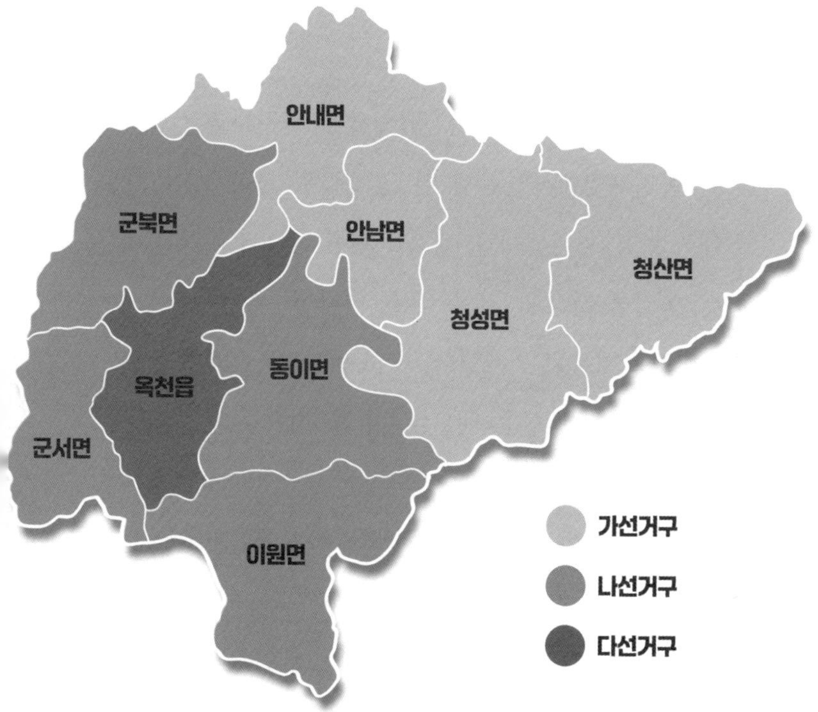

안내·청산·청성) 선거구 3개로 나뉘는데 선배들을 따라다녔던 곳은 나,다 선거구로 예비후보자들의 '공약'만 훑어도 8개면 주민이 가진 어려움과 이를 해결할 방안 등을 엿볼 수 있었다. '홀몸노인'이 많은 지역 사정을 반영해 그룹홈 제도를 정착해야 한다, 운영이 잘 되고 있지 않은 '권역

사업' 활성화 방안을 찾겠다, '귀농귀촌' 지원책을 강화하겠다, '농기계임대사업소'를 면 단위에 추가로 마련될 수 있게 하겠다, '농촌인력난' 해소를 위한 지원 조례가 필요하다, '농작물 저장고' 지원이 절실하다 등이 인터뷰에서 직접적으로 거론된 의제였다. **— 덧, 면접에서 저 질문을 한 면접관은 현재 <옥천신문> 권오성 상임이사다. —**

누구를 뽑아야 할지 몰라서 어렵고 또 재미가 없었던 지방선거는 어느새 가장 잘 아는 그래서 또 재밌는 선거가 됐다. '말을 걸 수 있는' 가까운 위치에 있는 지방선거 후보자들은 대통령 선거 후보자, 국회의원 선거 후보자보다 더 잘 알 수 밖에 없다. 지역신문은 주민을 대신해 정치인들에게 '말을 거는' 존재로 역할을 수행한다. 지방선거를 앞두고 현역 정치인은 물론 예비 후보자까지 찾아가 인터뷰를 하고, 정책질의에 대한 답변을 받고, 토론회를 여는 이유이기도 하다. 각 가정으로 전달되는 공보물은 선거일 10일 전 – 사전 투표일 기준으로는 5일 전 – 볼 수 있어 공보물만 보고는 유권자가 누구를 뽑을 것인지 판단하기에 시간이 촉박하거나, 공보물의 내용만으로는 합리적인 판단을 할 수 없는 경우가 많다. 더욱이, 일방향으로 후보자가 쏟아낸 공보물에는 유권자가 궁금해하는 질문에 대한 답변이 없는 경우도 있다.

주민과 함께 '정책질의서'를 구성하고 후보자들로부터 '답변'을 받아 '공론장'인 지면에 올린다. 사사로운 이익이 아닌 공익에 준한 질문을 발굴하기 위해서 유권자도 공부를 해야 한다. 투표권을 행사하는 것 이상으로 유권자로서의 책임을 다하는 모습이다. 옥천신문과 지역주민들로 구성된 정책기획단의 활동은 투표가 아닌 방식으로 정치에 적극적으로 참여한, 참정권(參政權·국민이 정치에 참여할 수 있는 권리)의 실현이다. 노인·장애인복지관을 분리해 분야별 예산을 증액하고, 지자체 차원의 사회적기업

지원하고, 지역 순환경제 활성화를 위해 지역화폐 도입이 필요하다고 제안하는 등 주민이 만든 정책질의서가 만들어졌다. — 덧, 2014년 정책질의기획단이 제시한 정책 일부는 현재 실행됐다. 옥천군노인·장애인복지관은 옥천군노인복지관과 장애인복지관으로 분리됐고, 지역화폐는 지류형을 넘어 카드형(향수OK카드)까지 만들어졌다. 사회적경제기업과 공공기관이 우선구매를 두고 얼굴 맞댄 매칭데이가 진행되기도 했다. —

정책질의단이 제시한 질의에 답변을 하기 위해 후보자

옥천신문 1385호
'주민의 힘'은 새로운 옥천 발전 전략을 마련해 2018년 지방선거 의제를 주민의 힘으로 만들어 나간다는 계획이었다. <옥천신문 자료사진>

역시 공부가 필요하다. 유권자가 묻고 후보자가 답한 공약이 공론장을 통해 공개되는 일련의 과정은 선거를 통한 양방향 소통을 의미한다. 또한, '악수 정치'가 아니라 '정책 선거'를 가능케 하는 방법이기도 하다. 여전히 투표에 있어 인물, 연고, 정당 등이 중요한 요소로 작용하지만 직접 정책을 만들고 그 정책에 대한 답변을 듣는 것은 유권자가 투표 선택의 기준으로 정책을 적극적으로 활용하게 해 결과적으로 후보자 역시 정책 발굴과 공약 실현을 중

주민의 힘(1) 정치개혁

'변화의 시작은 정치개혁에서, 권력 견제 필요'

지난 4월24일 2018년 지방선거를 맞아 '주민의힘'이 출범했다. 주민의힘은 풀뿌리 사회지표를 마련해 의제를 발굴하고 지역발전 전략과 정책 개발을 마련하는 주민들의 연대체다. 옥천순환경제공동체와 옥천신문이 주도해 시작했으며 우리고장 교사, 공무원, 상인, 장애인, 노동자, 경영인, 농업인 등 각 분야 주민들이 모여 구성됐다. 지난 5개월간 주민의힘은 △지역개발 △정치개혁 △농업 △교육 △복지 △서민경제 등 6개 분야에 56명의 주민들이 참여해 분야별 정책의제를 논의하고 있다. 이에 옥천신문은 그간 각 분야별로 어떤 사항이 논의되는지 살펴봤다.

주민의힘 정치개혁의제모임에서는 정치권력을 견제하고 통제할 수 있는 방법을 마련하는게 가장 중요하다는 평가가 나왔다. 정치개혁을 포함한 6개 의제모임에서는 향후 구체적 정책을 발굴해 2018년 지방선거 출마자들에게 요구한다는 계획이다. 사진은 4월24일 주민의힘 출범식 뒤 기념촬영을 하는 모습. <옥천신문 자료사진>

▶ 1회: 정치개혁
2회: 교육
3회: 농업
4회: 지역개발
5회: 복지
6회: 서민경제

정치개혁 의제모임에 참여한 주민들은 정치권력을 견제하고 통제할 수 있는 장치를 마련하는 게 가장 중요하다고 평가했다. 선출된 권력이 주민들의 요구를 받아들이지 못하고 괴리되면서 모든 문제가 발생한다고 보고 있어서다. 정치개혁 의제모임에서는 선출권력을 통제하고 견제하는 게 정치개혁이라 보고 2018년 지방선거를 대비한 정책을 발굴하고 있다.

의제모임에 참여한 주민들은 현재 선출직 공무원들이 기대 이하 모습을 보이고 있다는 데 의견을 같이 했다. 특히 7월 옥천군의회 1차 정례회 '군정에 대한 질문과 답변' 과정을 방청한 결과, 의회는 집행부를 감시견제하지 못하고 형식적 절차만 거쳤다는 평가가 나왔다. 그나마도 주민들은 의원들이나 군수가 무엇을 하는지조차 알 수 없어 이에 대한 개선이 필요하다고 지적됐다. 김대영 위원은 "의원들의 활동역량이 부족해 너무 아쉽다. 의원들의 권한이 많은데 일을 제대로 하지 않는다는 평가가 많은데 이에 대한 보완이 필요하다"고 말했다.

정치역량을 강화할 기회를 마련해야 한다는 의견도 있었다. 선출직공무원 스스로 자치와 지역정치에 대한 역량을 강화해야 함에도 일부 정치인들은 전혀 학습을 하지 않고 있어 지역사회에 나쁜 영향을 주고 있다고 평가했다. 박형용 위원은 "정치인들이 제대로 몰라 내린 잘못된 결정이 관련 주민들에게 얼마나 피해를 주는지 생각해봐야 한다"며 "의원들이 지역현안에 대해 제대로 된 학습을 할 수 있는 시스템을 마련하고 그 결과를 주민들에게 보고할 의무를 요구해야 한다"고 말했다.

이외에 지역에 충분히 정치적 역량을 발휘할 수 있는 인물들이 있음에도 지역정치에 대한 환멸이 깊어 나서지 않는 부분도 문제로 지적됐다. 박영용 위원은 "지역정치의 수준을 높이면 새로운 사람들이 도전을 하고 지역정치의 변화로 이어질 수 있다"며 "이 같은 환경을 만드는 것도 필요하다"고 말했다.

4회에 걸쳐 진행된 의제모임에서는 △주민과의 간담회 정례화·의무화 △선출직 공직자의 일정과 각종 회의기록 공개 △야간 군의회 개회로 주민방청 강화 등 의회접근성을 높일 방안 마련 △주민들이 만드는 정책질의를 후보들이 답하고 평가하는 절차 마련등 4가지를 정책으로 결정 했다.

향후 정치개혁 의제모임은 정당공천제 폐지, 후보자의 실질적 검증방안, 선출직공무원의 전문성 강화, 주민의 정치참여 강화를 위한 의제모임을 진행할 예정이다. 이를 통해 지방선거 후보자들에게 대안정책보고서를 전달하고 답변을 받을 계획이다.

다음은 정치개혁 모임 참여자 △박영용 이원새마을금고 이사장 △하승우 풀뿌리자치연구소 이음 운영위원 △민경천 옥천군 공무원 △김외식 전 옥천이원묘목영농조합 대표 △박형용 이원면발전협의회 사무국장 △송윤섭 안남배바우공동체영농조합 대표 △김대영 안남면 주민자치위원장 △임경미 옥천장애인자립생활센터 소장 △유원균 전 옥천군 농민회장 △박은경 안내면 햇다래권역 사무장

권오성 kos@okinews.com

옥천신문 1401호 | 2018 지방선거 <주민의 힘(1)정치개혁> 기획 보도.

주민의 힘(2) 교육

군정서 소외된 교육, 총괄시스템 구성 위한 조례 필요

인구늘리기, 삶의 질 향상 '교육' 투자가 답
'방과후센터·보육거점공간' 등 세부 정책 제안

1회: 정치개혁
▶ 2회: 교육
3회: 농업
4회: 지역개발
5회: 복지
6회: 서민경제

주민의힘 교육 분과 4차 회의가 21일 옥천순환경제공동체 공유공간에서 열렸다. 이날 회의에는 분과 위원 5명이 참석해 정책 의제를 발굴했다. 사진 왼쪽부터 송영란 충북산과고 교사, 오혜영 행복교육지원센터 실장(참관), 노한나 군남초 교사, 이요셉 안내초 학운위원, 오정오 청산중 교사, 박진숙 옥천동화읽는어른모임 회장.

교육 분야 의제모임에서 제안된 정책들은 옥천군이 여전히 교육은 교육청 몫이라 여기며 소극적으로 대처하는 인식을 바꿔야 한다는 점을 바탕으로 나왔다. 옥천 교육의 전체 틀과 방향, 구체적인 정책까지 제안하고 평가할 수 있는 권한과 위상을 가진 위원회 혹은 중간 조직을 만들고 이를 뒷받침할 조례 제정까지 이어져야 한다는 제안이 큰 줄기다. 이런 바탕 위에 당장 실현돼야 할 세부 정책으로 △(가칭)방과후학교지원센터 건립 △지역별 보육·교육 거점 공간 설립 및 지원 △친환경무상급식 차액지원 품목·금액 확대가 제안됐다.

의제모임에 참석한 위원들은 교육 정책을 컨트롤할 시스템이 없다는 점을 가장 큰 문제로 들었다. 그러다보니 교육청 따로 지자체 따로 교육 또는 청소년 관련 업무가 분산돼 있어 효율이 떨어지고 있다는 지적이다. 교육청 주도의 '행복교육지구사업'으로 지자체와 교육청의 협업 정도가 전보다는 견고해졌지만 여전히 부족하다는 평이다.

이는 기본적으로 옥천군이 교육을 군정의 중점 정책으로 보지 않고 있기 때문이란 게 위원들의 판단이다. 5만 인구 붕괴를 눈앞에 두고 있는 현 상황에서 '교육' 외에는 답이 없다고 위원들은 입을 모았다. 결국 군 사업이든 교육청 사업이든 교육 관련 모든 정책과 중장기발전계획을 기획해 이끌고 나갈 중간조직이 필요하다는 지적이다.

오정오 위원은 "행복교육지구 사업이 시작하면서 '행복교육위원회'가 그런 역할을 하기 위해 만들어졌지만 일 년에 두 번 정도 모임을 하는 수준이라 미흡하다"며 "구체적으로 생각해보면 '농업발전위원회'와 같은 조직 구성을 조례로 보장해야 한다. 거기서 모든 논의가 시작되면서 파생해 나가야 한다"고 말했다.

■ 학교 기능 정상화에 지자체 결합 요구

옥천군이 교육을 군정 핵심 정책으로 삼아야 한다는 바탕 위에 구체적인 정책들이 제안됐다. 위원들이 가장 필요하다고 여겼던 세부 정책은 '방과후학교지원센터'(가칭)다. 학교가 '교육 기관'의 제 역할을 되찾기 위해 군이 결합해야 한다는 취지다. 사교육비 절감 등을 위해 각 학교에 정규과정 이후 운영하는 '방과후학교'는 그간 학교의 업무 부담과 전문성 부족 등으로 많은 비판을 받아왔다. 경기도나 서울시내 기초지자체에서는 실제 관련 정책을 추진하고 있다.

노한나 위원은 "방과 후 학교는 학교의 교육기관 기능을 약화시키고 있다. '센터' 형태든 어떤 형태든 대안 마련이 필요하다"며 "옥천군에서 주는 교육경비들도 거의 다 방과 후 학교 예산으로 쓰이고 있기 때문에 방과 후 학교를 지자체에서 떠맡으라는 게 아니라 어차피 교육경비로 지원을 하고 있는 부분을 직접 집행하고 잘 쓸 수 있는 방안을 고민하라는 제안"이라고 말했다.

이어 "그런 의지가 있다면 군에서 지금 교육경비보다 더 많이 투자해서 교육의 공공성 강화차원에서 여러 방안을 생각할 수 있다. 지금 군에서 교육경비를 주는 방식은 '우리도 교육에 신경쓴다'는 면피용일 뿐이다"고 말했다.

그 외 문화 공간이 부족한 면 지역의 보육·교육 거점 공간 구성도 제안됐다. 위원들은 안남배바우도서관을 구체적인 사례로 보고 있다. 작은도서관이나 청소년문화의집과 같은 공간이 있는 지역은 그 공간을 제대로 운영될 수 있는 운영지원이 필요하고, 그런 공간조차 없는 군서·군북·동이·청성 등에는 새로운 공간을 만들어야 한다는 지적이다.

이요셉 위원은 "면 별 보육거점이 생기면 이게 또 농업과도 연계된다. 그만큼 아이를 편하게 맡길 수 있는 농민들이 늘어나기 때문"이라고 말했다.

또 이미 정책으로 진행되고 있는 '친환경무상급식 차액 지원'도 늘려야 한다는 정책 제안이 나왔다. 옥천군은 50여개 품목 농산물에 한해 학교 급식 친환경 농산물 구입 차액을 지원하고 있다. 올해 본예산 기준 3억원이 지원된다. 이 문제는 농업발전위원회에서도 전부터 지적됐던 문제다. 더불어 이런 의미 있는 농업 정책들을 청소년들이 충분히 이해할 수 있는 '농교육', '식교육' 등도 함께 가야 한다는 제안도 나왔다.

이참욱 기자

옥천신문 1402호 | 2018 지방선거 <주민의 힘(2)교육> 기획 보도.

시하게 만든다. 유권자의 정치에 대한 관심도도 생명력이 길—어 진다. 유권자가 궁금해하는 질문에 후보자가 어떤 답을 하는지, 공감하는 답변을 한 후보자가 누군지 궁금해서 꼼꼼히 답변서를 확인하고, 이를 바탕으로 공감대를 형성한 후보자를 뽑기 위해 투표장으로 향하고, 당선자가 공약을 어떻게 실천하는지 지켜보는 정치적 관심이 이어지게 된다. 지방선거가 가장 재밌어지는 이유는 결국 국민주권주의를 가장 잘 실현할 수 있는 선거이기 때문이고, 정치적 효능감을 가장 잘 느낄 수 있는 선거이기 때문이다.

지방선거를 자치의 시간으로 만들어내는 주민의 움직임은 시간을 거듭할수록 다채로워졌다. 2018년 지방선거를 앞두고 발족한 '주민의 힘'은 지방선거에서 정책을 설계하고 제안해 주민주도정책선거를 만들기 위한 활동에 들어갔다. 분야별 정책을 발굴해 후보자들에게 공약으로 받아냈다. 2022년 지방선거에도 주민의힘은 등장했다. 의제를 발굴하는 역할에서 그치는 것이 아니라 선거가 끝난 이후에도 '바빴다'. 예를 들어 휠체어장애인과 교통약자의 이동권 증진을 위해 법적으로도 도입해야 하는 저상버스를 두고 지속적으로 옥천군수와 담당부서 관계자를 만나 상황을 점검하고 정책화에 목소리를 냈다. 도로 사정을 핑계로 수십 년간 멈춰져 있던 저상버스 도입이 2025년에는 새 국면을 맞는다. 대폐차 3대를 교체하고 2033년까지 모든 시내버스를 전기저상버스로 교체한다는 구체적인 목표도 세웠다. 애매했던 과속방지턱 기준도 시운전을 거쳐 '7cm 이하는 주행 가능하다'는 합의도 끌어냈다.

2022년 지방선거에는 주민의 힘만 활동했던 것이 아니다. '옥천행복교육네트워크'는 7개월의 시간을 정책 발굴에 투자했다. 교육 정책을 발굴한 주체로는 교사, 학부모, 교육단체뿐만 아니라 '청소년'도 포함돼 의미를 더했다. 청소년 공간, 청소년 건강, 청소년 이동권, 작은 학교

살리기, 마을교육활동가 및 마을교육공동체 지원 등 10개 분야 정책이 제시됐고 세부 목록으로 이 정책을 실현하기 위한 구체적인 사업을 정리했다. 정책 마켓을 열고 후보자들이 분야별 정책을 선택해 공약화할 수 있도록 했다. 옥천군결혼이주여성협의회는 편견과 혐오, 폭력 등 위험에 노출된 이주민 인권을 보장할 해결책을 촉구하면서 후보자들에게 공약 및 정책을 제안하기도 했다. '이주민 지원 조례 및 인권센터 설립'이라는 구체적 목표가 등장했다.

— 우스갯소리로 2022년 지방선거에 나섰던 후보자들은 정책제안 단체가 많아져 '힘들었다(?)'는 풍문도 있다.—

주권자인 국민이 주권을 행사하는 행위는 '투표'만 있는 것이 아니다. 옥천에서 세 번의 지방선거를 통해 배운 것은 내 삶을 바꿔내기 위해 힘써 주권을 행사하는 주민의 자치력에 있다.

글
이현경

별책부록

2024
옥천신문
편집국

*양유경 기자는 개인사정으로 촬영을 하지 못했다.

양수철 기자

충남 홍성군 소재 면단위 작은 마을에서 나고 자랐지만 '지역'에서의 삶이나, 지자체의 역할 등에 대해서는 알지 못했습니다. 서울에서 기자를 준비할 당시 기자의 역할이 무엇인지 제대로 고민하지도 못한 채 맹목적으로 좇기만 했습니다.

이랬던 제 생각은 2019년부터 옥천신문사에서 근무하고 옥천에서 살아가면서 많이 바뀌었습니다. 어려운 여건 속에서도 건강한 먹거리를 위해 땀흘리는 농민, 인권·이동권·노동권 등을 위해 노력하는 지역 활동가, 지역 학생들에게 더 좋은 교육을 제공하고자 연구하는 주민 및 교사 등 다양한 주민들을 만나다보니 기자라는 직업은 결국 '삶을 배우는 일'이라는 생각이 들었습니다. 지역에서 살면서 많은 주민들을 보며 삶의 지혜를 배우고 제 자신을 돌아보곤 합니다. 지역신문 기자로서, 또 주민으로서 기쁜 일입니다.

옥천신문의 기사 또한 주민들의 삶 속에서 시작된다고 생각합니다. 중앙정치나 수도권에 편중된 사고와 시각, 언론 보도는 전국 시군구 내 읍면동 및 각 마을별로 살아가고 있는 사람들의 삶을 가리고 피해를 외면하게 하고 왜곡된 시선으로 바라보도록 합니다. 지근거리에서 주민들의 삶과 말, 일상, 문제, 이야기 등을 제대로 담아내기 위해 앞으로도 노력하겠습니다.

이훈 기자

'우리나라'처럼 옥천신문은 기사에서 '우리지역', '우리 고장'이라는 표현을 주로 쓴다. 나라가 각자의 고유 주권을 앞세우듯이, 지역도 권력과 중앙에 쉽게 종속되지 않겠다는 의지를 내포한 지역의 언어라고 생각한다. 이런 변방의 언어들은 결코 잃어선 안 될 고유한 지역성을 주민들에게 상기시키고, 외지에서 온 나까지 지역에 정착하게 만들었다. 그런 언어들은 충분히 그럴만한 모종의 힘이 있다고 믿는다.

옥천신문은 그런 말들이 계속 지역에서 돌게 만드는 것 같다. 무의식 속에 내가 밟고 있는 땅과 밭과 논, 옆에 있는 이웃과 공동체를 지키려는 지역주민들의 언어를 낚아챈다. 그러기 위해서는 기자는 관망하는 자리가 아니라 주민과 함께 호흡할 수 있는 바닥에 있어야 한다. 옥천신문 기자는 옥천에 살아야 한다는 불문율이 절대 깨지지 않는 이유일 것이다. 2년 전부터 지역 축구 동호회에 가입했다. 그곳에서 더욱 날것의 언어를 배우고, 땀 냄새 진한 지역의 정서를 익히고 있다. 펜을 드는 것만큼 축구화 끈을 동여매는 것도 기자로서의 일이라면 일일 수도 있다는 생각이 드는 요즘이다.

양유경 기자

모두가 주목하며 빠름이 미덕이 되는 특종이 아니라, 누군가는 주목해야 할 모든 특종의 현장을 좇고 싶다는 마음으로 옥천에 왔다. 옥천신문은 일선의 기자가 품은 이런 바람을 공히 인정하고 격려해주는 공동체다. 보도자료 받아쓰기 시키지 않고, 누군가 품을 들여 취재하고 싶은 게 있다면 서로 도와 동료에게 시간을 벌어주며, 네 발제 내 발제 가르지 않고 더 나은 지역과 기사를 지향하며 토론하길 멈추지 않는다. 3년이 되도록 이곳에 남아있는 제일의 이유는 단연코 존경하는 선후배들, 그리고 매일 시간을 내어 가르침을 주는 주민들 때문이다. 똑같은 의제라도 지역의 필요와 관심에 따라 기사를 한 번 더 버무려내는 법, 농민과 농업과 식량주권이 중요한 이유, 생태계를 존중하고 지켜내는 열심처럼 수많은 가치를 지역에서 몸으로 부딪혀 가며 배울 수 있었다. 늘 감사하면서도 때때로 뭔가 달라질 수 있을까 하는 암담함이나, 내가 잘 가고 있나 싶은 불안함이 엄습할 때가 많다. 사실 그게 더 일상에 가까운데, 그럴 때마다 종종 옥천신문 홈페이지를 훑어보곤 한다. 주민과 기자들이 함께 꿈틀대고 외치면서 만들어 온 역사가 거기에 아로새겨져 있다. 후루룩 읽어내려가다 보면 무엇을 상상하고 써 내려가든 그것이 언젠가는 쌓여서, 여기에서만큼은 이뤄질 수 있지 않을까 바라게 된다. 옥천신문은 매일 모든 이들을 기록해내는 페이지, 언제나 자랑하고 싶은 사람들의 이야기다.

김기연 기자

지역신문 기자가 된 지 어느덧 3년 차다. 입사 이후 지금까지 내가 맡고 있는 분야는 교육이다. 공교롭게도 나의 모교가 청산초등학교다. 교육과의 운명같은 만남이다. 청산초는 현재 전교생이 23명이다. 내가 초등학생일 적 150명이 넘었던 학교가 지금은 소멸직전에 몰려있다.

안타깝게도 옥천 대부분의 학교는 30명 이하로 소멸위기를 맞고 있다. 걷잡을 수 없는 위기를 맞기 전에 학교를 살리고, 지역을 살려보자는 지역공동체의 의지가 어느 정도 성과를 내고 있지만 포기하자는 목소리도 적지는 않다.

입사 이후 매주 학교 현장을 드나들며 학교가 사라진 지역에 미래가 있을까라는 고민을 품는다. 그리고 현장에 그 답이 있을까라는 생각도 함께 한다. 이 고민은 결국 옥천신문이 있었기 때문에 가능했으리라 느낀다.

옥천신문에서 나의 바람이 있다면 내 모교가, 지역민 모두의 모교가 10년뒤, 100년 뒤에도 굳건하길 바란다. 지역신문 기자로서 그 답을 계속 찾고싶다.

이호안 기자

"신문을 왜 이렇게 모아놓으신 거예요?" "다 역사고 기록이니까 그렇지. 여기에 나 나왔던 것도 있어."

며칠 전 취재에서 우리 신문을 몇 년째 차곡차곡 모아놓으신 독자님을 만났다. 매주 한 번 오는 신문이 거실 한쪽 벽면에 어림잡아 1m가량 쌓여있었다. 최근에 나왔던 신문이 1757호인데, 가장 아래 있는 신문은 몇 호일 지 감도 오지 않았다. 한번은 초등학교에 갔는데 어떤 학생이 "저 지난번에 옥천신문 나왔었는데. 그때 사진 찍었던 선생님이에요?"하고 물었다. 그 옆에 있던 학생은 "저랑 제 친구들도 나왔던 적 있어요. 음, 그런데 아주 오래전이에요.” 그 말에 기사를 검색해보면 초등학교 고학년 아이들의 유치원 시절 기사가 나오곤 한다. 이미 몇십 년 동안 옥천신문을 봐왔던 독자분들과 어릴 때부터 기자를 만나온 청소년들은 옥천신문이 그 자체로 ‘역사이자 기록’임을, ‘나와 내 친구들의 이야기가 담겨 있는 신문’임을 체감하고 있었다. 옥천신문이기에 가능한 일이 아닐까.

처음 이곳에 지원하며 ‘화려한 문장이나 멋들어지는 문체에 집중하는 게 아니라, 역사를 기록하는 일에 충실하자’고 다짐했던 기억이 난다. 기자로서 짊어져야 하는 수많은 책임감, 현실에 부딪히는 나약한 나. 도망치고 싶어질 때면 주민들의 말에 다시 정신을 차리곤 한다. 이렇게 옥천신문을 알아보고 자신을 기록해달라 말하는 덕분이다.

유일한 기자

미디어학과 졸업논문 주제로 '지역언론'을 정한 것은 순전 내가 사는 지역이 좋아서였다. <옥천신문>을 알게 된 것도 그 무렵으로, 우직스레 읽히는 발자취에 호기심이 일었다. 졸업이 임박하고 소위 '언론고시'로 통하는 언론사 입사 준비를 시작했지만, 한 계절이 바뀌기 전에 싫증이 났다. 나는 너무 젊고 당장 성취할 수 있는 사람인데, 2년 안팎의 수험생활로 정말 '좋은 기자'가 될는지 확신하지 못했다. '지금' 무엇이든 해보자는 절실함과 <옥천신문>의 존재가 아울러져 '커뮤니티저널리즘스쿨'에 들어갔다. 인턴기자로 3개월 일한 경험은, 내 젊음을 이곳에 쏟아도 좋겠다는 판단으로 이어졌다. <옥천신문>에 지원서를 낸 배경이다.

<옥천신문>의 실험이 35년째를 맞았지만, 언론의 독립, 독립언론을 향한 여정은 현재진행형이다. 임원면접에서 <옥천신문>을 ‘임시정부’에 비유한 까닭이기도 하다. 지역 없는 국가, 공동체 없는 개인, 관계성 없는 인간은 허상이다. 오늘의 서로를 건강하게 이어주는 언론인이 되겠다고 약속드린다.

어떤 장면

1. 옥천신문으로 말하는 '지역언론'

글 황민호 권오성 이현경
초판 2024년 9월 12일

펴낸이 황민호
펴낸곳 주간옥천신문(주)
출판신고 제2024-00002호

대표전화 043)733-7878
주소 충북 옥천군·읍 삼금로 1길 3-1, 1층

디자인 (주)우리동네 박수정, 유소현

ISBN: 979-11-989096-0-2(03300)